Lens on Outdoor Learning

透视幼儿的户外学习

[美] 温迪·班宁（Wendy Banning）
金妮·沙利雯（Ginny Sullivan） / 著

毛曙阳 / 译

中国轻工业出版社

图书在版编目（CIP）数据

透视幼儿的户外学习／（美）温迪·班宁（Wendy Banning），（美）金妮·沙利雯（Ginny Sullivan）著；毛曙阳译．—北京：中国轻工业出版社，2023.10（2025.2重印）

ISBN 978-7-5184-4187-7

Ⅰ．①透… Ⅱ．①温… ②金… ③毛… Ⅲ．①活动课程－教学研究－学前教育 Ⅳ．①G613.7

中国版本图书馆CIP数据核字（2022）第247287号

责任编辑：吴　红　　　责任终审：张乃柬
文字编辑：李芳芳　　　责任校对：刘志颖
策划编辑：吴　红　　　责任监印：吴维斌

出版发行：中国轻工业出版社（北京鲁谷东街5号，邮编：100040）
印　　刷：中国电影出版社印刷厂
经　　销：各地新华书店
版　　次：2025年2月第1版第2次印刷
开　　本：787×1092　1/16　印张：14.5
字　　数：151千字
书　　号：ISBN 978-7-5184-4187-7　定价：75.00元
读者热线：010-65181109
发行电话：010-85119832　010-85119912
网　　址：http://www.chlip.com.cn　http://www.wqedu.com
电子信箱：1012305542@qq.com

250003Y1C102ZYW

译者序

支持儿童在户外环境中的主动学习

翻译工作是一项颇具挑战的任务。每一位参与过专业著作翻译的译者在完成翻译工作之后往往会发出这样的感慨：翻译真是一件辛苦的事情，要做到“信、达、雅”真的太难了！所谓的“信”，指的是要准确，要让翻译后的文字尽可能地符合作者的原意，没有做任何歪曲和偏离，要尽可能地把作者的真实意图精准地传递给读者。所谓的“达”，指的是要通顺明白，要让翻译之后的文字表述方式能够被广大读者接受，要让他们更加自然顺畅地理解作者的意思和想法。所谓的“雅”，指的是要简明优雅，就是要用更为简练和传神的方式进行翻译，尽量做到朗朗上口、言简意赅。翻译工作尽管辛苦，但是在此过程中，我还是颇有收获的。其一，翻译本身就是一个很好的学习机会和学习过程。书中大量的信息和观念让人耳目一新，能让自己对许多问题产生更为深入、全面的认识和理解。其二，在努力把握作者的真实意图和传递适宜的教育理念的过程中，我不得不经历大量的选择和调整，而这一过程让自己受益颇多。其三，在翻译过程中，我会努力让自己的思路跟随作者的节奏，努力让自己与书中那些有趣的事件进行对话和呼应，反复斟酌文字，让读者能够更好地理解作者的观点和书中的故事。这个时而困惑、时而豁然开朗的过程非常有趣。

为了能和读者一起更加深入地了解本书，更好地理解户外环境和儿童的学习规律，笔者将围绕“幼儿的户外学习”从三个方面进行思考及探讨。

一、全面理解户外环境及幼儿学习

户外环境有着无穷的魅力，蕴含着丰富的学习价值，户外环境的范围也十分宽泛。人们应该以积极全面和包容悦纳的姿态来理解户外环境以及户外环境中的学习。我们认为，户外不仅指的是室内以外的各种空间和场地，如游戏场地、森林、草原、河流和大海等，而且包括那些介于室内和户外的各个过渡空间，如走廊和阳台等；同时我们会发现大量的户外元素会以多种方式和样态渗透到室内环境中，如人们可以把户外的盆栽植物移到室内，可以把一些树叶和花朵等自然物放置在室内，也可以在室内通过多种方式欣赏各种关于户外的图片。在清晨，我们可以打开窗户，呼吸来自户外的新鲜空气。当天空中飘起细雨时，我们可以坐在室内欣赏户外的景色。当柔和的阳光洒进室内时，我们也可以感受到太阳的温暖。在平时，人们可以采用多种方式来扩展资源，让孩子们能有更多的机会接触自然世界。在书中，作者向我们提出了各种各样的建议。“看看你周边的游戏场地吧，把那里可利用的自然元素全部画下来。看一看，想一想：那里有没有一棵孩子们可以认养、学习和照顾的树？是否有一小块地方可以用来建一个小花园？如果没有这么大的空间，那么我是否能够在地面或窗台上留出一个空间来放置小型的花盆或种植箱？……事实上，你所做的任何改善栖息地的环境状态以及增加周围动植物多样性的事情都会给你和儿童带来明显的益处。”

二、深刻认识观点，领略精彩故事

常言说，他山之石，可以攻玉。本书中关于“幼儿的户外学习”的许多观点颇具启发性、新颖性和震撼力，书中的许多故事和图片也十分生动和传神。可以说，这些哲学观点和专业的叙述很好地丰富了我们的专业性表达，能够让我们更加深入地认识和理解幼儿的户外学习。在此，我将就本书中的一些精彩之处与大家一起分享和交流。

（1）从学习能力发展指标的角度深刻理解儿童在户外的主动学习。在本书中，作者创造性地提出，可以通过早期学习标准这一能力发展的框架体系来证明儿童确实可以在户外环境中获得多方面的发展，而且这一发展是整体的、和谐的和可持续的。“早期学习标准提供了一个视角和镜头，通过这个视角和镜头，我们可以更加清楚地看到儿童的学习情况。”在本书中，作者从七个方面的能力发展指标向人们表明，户外环境在支持儿童的能力发展方面具有积极的作用。这七个方面的指标分别是：关于好奇心和主动性的指标，关于参与和坚持的指标，关于想象力、发明和创造力的指标，关于推理和解决问题的指标，关于风险承担、责任感和自信的指标，关于反思、解释和应用的指标，关于灵活性和韧性的指标。通过这样的指标体系，我们可以细致地观察和评估儿童在户外的行为，可以更加坚定地相信儿童完全能够在户外环境中获得深刻和全面的发展。

（2）户外环境有利于儿童的整体发展，户外环境是极其丰富的和彼此关联的。 观察和模仿是人类最古老的一种学习方法，大自然始终是人类最好的老师。在户外的自然世界中，儿童能够以轻松自然的方式与丰富多样的自然世界进行交流和互动，从而获得整体和全面的发展。在书中，作者这样写道："在我们关于儿童户外学习经验的研究中，作为教育工作者盟友的自然世界可以清楚而明确地直面并回应这些要求和挑战。在支持幼儿和教师达到预定的发展和教育目标方面，自然世界是一个无与伦比的资源库。……我们与其花费大量时间争论最应该追求哪些特定的学习目标，倒不如让儿童到户外去，持续不断地增强我们支持儿童学习、成长和发展的信心。"

户外的自然环境极其丰富，而这样的环境将有利于儿童展示自己的才能并获得进一步的发展。自然世界中充满大量的、多样化的资源，有着无穷的魅力。幼儿本身就是人类的一个重要组成部分，人类是一种高级动物，地球上包括高级动物在内的所有生物都以各自独特的方式生机勃勃地生存在这个星球之上。"当儿童来到户外时，他们的行为就会变得多样和丰富。户外能够为儿童提供大量的开放式游戏和探索的机会，而其中的许多项目是室内所无法提供的。"户外环境有着得天独厚的优势，户外环境所具有的丰富性、复杂性、开放性和趣味性能够让幼儿更加深刻地理解自身和周围的世界，能够最大限度地支持他们发展。

户外环境不仅是复杂的，而且是相互关联的。每一个事物都不是独自存在和发展的，总会与其他事物形成各式各样的密切关联。约翰·缪尔（John Muir）就曾经发出过这样的感慨，"当我们试图把某个事物单独挑选出来时，我们就会发现它与宇宙中的其他事物息息相关。"在本书中，作者提出："孩子们在户外的经历让他们见证和认识到每个人和每件事相互关联且相互依存。正是在自然世界中，他们找到了大量的确凿的证据，这些证据可以证明一切事物确实与其他事物相关联。在这里，儿童开始意识到这一切并将之内化，儿童是人类的一部分，也是整个世界中不可或缺和不可分割的一部分。他们在户外工作和游戏的一个完美结果就是对自然世界的规则不断地形成自己的新认识和新理解。儿童能够为自己构建出一个关于这个复杂的物理系统如何工作的心理模型。"

（3）户外环境有利于发展儿童的表现能力和表达能力，能支持儿童的探索和游戏，可以激发儿童的想象力和创造力。在户外环境里，儿童会展现出强大的自我表现能力和自我表达能力，他们会通过多种方式展现和扩展自己的能力。作者提出："童年的一部分工作就是培养健康的自我意识。一个儿童的自我认同感和自尊心会通过创造性的自我表达而得到增强。当孩子们参与想象、创造新想法和探索新方法等各种活动时，他们就会逐步认识到自己是独特的、有价值的。"事实表明，户外环境与儿童的自我表现和自我表达之间有着密切的关联。在儿童健康发展的过程中，如果一个儿童拥有更多自我表现、自我表达、自我表征的空间和机会，拥有更多展现自身才能和本领的平台与机会，那么，这个儿童就更有可能按照自己的发展节奏获得全面、和谐的发展。儿童将会在行动中反复地确认自己的独特性，知道自己是有价值的，这样他们就能够更好地发展健康的自我意识，就能拥有自豪感和自信心。

户外环境能够为儿童的探索活动和游戏活动提供有力的支持。米歇尔·德·蒙田（Michel de Montaigne）认为："游戏中的儿童不是在玩耍；他们的游戏应该被视为他们最严肃和最认真的一类活动。"在本书中，作者也提出："游戏是儿童用来探索、感知和理解世界的主要工具。游戏是孩子们与各种材料、想法和他人互动，以及不断测试某种理论并持续完善自身的理解的重要手段。很多时候，成人只有真正地停下来，认真地观察和反思儿童游戏的具体内容，才会惊奇地意识到孩子们正在做的事情是多么复杂。"

户外环境将有助于儿童发展自身的想象力和创造力。户外自然环境中的事物是无比丰富的，那里有广阔的空间，有风雨雷电，有四季的更替，有丰富的动植物，有各种各样的物品，这些都将有助于发展孩子们的表现能力，有助于他们的探索和游戏，有助于他们萌发丰富的想象力和创造力。作者提出："自然世界是想象力的沃土。它能够激发儿童的创造力，鼓励儿童开展创造性的研究，将儿童思维的认知性和创造性自然地整合到一起。"

（4）教师的作用要恰到好处，教师要和幼儿建立友好的关系。教师在儿童的健康发展过程中发挥着积极的作用。教师的作用应该是恰到好处的，教师应该给予儿童最低程度的指导和介入，要给予儿童适宜的支持和帮助。在书中，作者向人们介绍了"花园日"这个有趣的活动，此活动的目的在于为孩子们创造在户外开展各类种植活动的机会。孩子们需要在整个生长季节精心地照看和维护花园，这样他们就能够对自己所种的植物的各种变化和各个生长阶段有一个全面的观察和了解。在这个故事中，我们可以清楚地看到，“他们周围的成人在工作时显得十分小心和谨慎，力求只为孩子们提供最低限度和最有必要的帮助与支持，期望在这个过程中孩子们能够感受到自信和独立。在活动中，孩子们可以亲身参与和直接体验，并充分地把握好各种机会，同时自觉地承担起照料植物的职责，这些都会让孩子们拥有一种主人翁的意识，从而成为良好的管理者。”此外，作者还强调指出，教师需要和孩子们建立密切而友好的关系。作者提出：“作为一名教师，你所做的工作的核心就是与孩子们建立友好的关系。正是这些关系的质量决定了你与每一个儿童的互动在多大程度上是恰当和有效的。它会影响和引导你如何应对孩子们的成长、发展和需求。”

（5）教师应密切地观察儿童的户外学习，以生动和详细的方式对活动的过程予以记录。平时，许多教师会被儿童的行为吸引，会自觉地观察和记录儿童的行为。那么，教师观察的目的是什么呢？其实就是要通过收集各种信息，通过心与心的沟通，让教师能够更加深入地了解儿童，能够原原本本地认识和理解儿童。儿童是好学的，是独特的，是活力满满的。在这个过程中，教师要闭上嘴巴，竖起耳朵，全神贯注地倾听儿童，真诚地向他们学习，细心地观察他们的行为，以一对一的方式倾听并记录儿童的想法。在本书中，作者所采用的记录方式是白描式的，也是细心体悟式的。通过阅读这些故事，我们不仅能够全面地了解事情发生的前后脉络，而且能够感受到故事中教师不仅能细心地揣摩儿童的心理，而且会以温和、智慧的方式陪伴和支持儿童。我们看到，观察者会及时地捕捉儿童生活中的细小时刻，并能通过这些细微的行为和情绪变化来感受儿童丰富的内心世界。例如，在《藤蔓的奥秘》这个故事中，阿德里安对自己手中突然断开的藤蔓产生了浓厚的兴趣。作者指出：“从表面上看，这并不是一个大自然中富有戏剧性的故事。然而，这个故事值得我们细细品味。这是一个美丽的例子，它向我们展示了儿童在户外获得的一些简单而又完全出乎意料的经历。这种经历不仅会帮助他们认识到事物的多种样态，也会帮助他们更深入地理解整个环境系统。”在故事中，阿德里安通过自己的一个无意间的行为，开始了一次新的探索。此时，作为旁观者的教师敏锐地发现了这一时刻并进行了详细的记录。可以说，只有对儿童充满了期待的人们才会捕捉到这样的时刻，才会欣赏儿童的这一精彩时刻。

（6）精心挑选的照片能够让我们更深入地感受儿童的世界。需要特别指出的是，书中的图片非常生动和传神。作者强调提出："本书中的故事和照片是我们反复斟酌和精心挑选出来的，这些资料全部来源于我们在一年四季中对孩子们在不同的环境下参与户外世界的探索时大量的实地观察。"是的，一张精彩的照片不仅需要有好的构图和角度，需要有好的时机，更需要拍摄者的耐心等候、充分信任和包容理解。因为作者能够长期和儿童在一起，会在一旁静静地观察而不去打扰儿童，并且充分地相信儿童，所以他们更加能够"与儿童同频"，能够和儿童一起欢乐和悲伤，和儿童一起放松和紧张，能够通过最为传神的照片帮我们认识和理解故事中的儿童。

三、创造性地支持儿童在户外主动学习

（1）我们需要在重视幼儿的户外学习方面达成共识。只有先达成了共识，我们才有可能建立相互的信任，才能识别出当前的真实问题，才能共同思考并获得切实的发展和进步。经过多年的研究和实践，越来越多的人已经充分地意识到，儿童是积极主动且有能力的学习者。儿童是好奇的、好学的，充满了探究精神和创造精神。在儿童与他人的交往过程中，在儿童与周围环境的互动过程中，他们会表现出自己的能动性、独创性和差异性，会体验到自己的力量和价值，会真切地感受到自己的成长和进步。儿童的学习不仅会发生在室内，也会发生在户外。户外是儿童休息、运动和娱乐的地方，也是儿童主动探索和相互学习的重要场所。在支持儿童健康成长与和谐发展方面，户外环境发挥着积极和独特的作用。

（2）我们要继续保持向儿童学习的态度，要善于思考、认识并把握好教育的内在规律。教师和家长是儿童的亲密陪伴者和支持者，同时是儿童学习和模仿的榜样。因此，与儿童朝夕相处的教师和家长不仅有着向儿童学习的天然优势和条件，而且有着从活力满满的儿童那里获取力量和信念的重要责任。儿童是人类迈向美好生活的重要希望，那么，陪伴儿童的成人在这一伟大的进程中也肩负着重要的光荣职责。在陪伴、支持和引导儿童发展的过程中，人们也越来越清醒地意识到，教育有其内在的规律。通过适宜的教育环境，借助温暖而坚定的教育者的支持，儿童可以更加充分地发挥自身的潜力，获得更好的发展，成为更加非凡和出色的学习者。而一旦儿童成了更加优秀的学习者，他们回馈社会的可能性就会大大增加，他们会成为更

好的父母或教师，会让这个世界变得更加美好。

（3）我们要仔细地分析和考察自己所处的环境，根据自身的实际情况支持儿童进行有效的户外学习。有了充分利用户外环境来支持儿童发展的信念后，教师就要依据实事求是和因地制宜的原则创造性地应对自己面临的各种挑战。无论自己身处地域宽阔但物质资源较少的农村幼儿园，还是处在有着大量的游戏材料但户外场地十分有限的城市幼儿园，教师都可以扬长避短，充分地相信儿童的力量，按照自己对户外学习的理解来支持儿童进行各类有趣的户外学习。

*　*　*

在本书出版之际，我要在此表达自己诚挚的感谢。感谢本书的两位作者，正是她们不懈的思考和辛勤的工作才让我们能够通过本书更加深入地理解儿童和儿童的世界，并且让我们对儿童的户外学习有了新的认识。感谢我的家人和身边的朋友，有了你们的信任和支持，我才能够鼓起勇气，不断地解决问题，并最终完成这一艰巨的任务。我还要感谢“万千教育”编辑部的吴红主任，他的信任和非常专业的建议给了我极大的支持。

由于译者能力有限，译稿中难免有一些疏漏和不到之处，敬请广大读者予以指正。

毛曙阳

2023年3月于南京

前　言

当我们一起合作写这本书的时候，我们都有一种强烈的信念：户外是如此独特，户外强烈地吸引着年幼的儿童，户外本身就是一种学习佳所。这一信念来源于我们在不同的机构中多年的工作经验。我们的教学经历，我们设计室内和户外学习环境的工作经历，我们参与各种组织和机构的教师培训、持续发展的教育方案规划，以及对儿童成长与学习的大量记录资料，让我们更加明晰和确信这一信念。当儿童来到户外时，他们的行为就会变得多样和丰富。户外能够为儿童提供大量的开放式游戏和探索的机会，而其中的许多项目是室内所无法提供的。儿童的户外学习是深刻而复杂的。

在户外环境中，儿童可以自然而然地获得大量的教师打算正式教授给他们的有助于发展的技能和技巧。户外是一种空间，在这个空间中儿童的工作和学习自发地要求他们具有多方面的认知能力，包括测量、规划、解决问题及排列顺序等能力。户外也是另外一种空间，在此空间中，儿童需要通过训练而不断增强自身的社会技能，如相互沟通、与人合作、彼此分享和缓解冲突等。自然世界是想象力的沃土。它能够激发儿童的创造力，鼓励儿童开展创造性的研究，将儿童思维的认知性和创造性自然地整合到一起。当然，对于儿童身体的健康发育，户外活动也有着丰富和极为必要的价值：它允许儿童挑战自己的身体，支持儿童发展协调能力、力量、运动规划能力等；它激发并鼓励儿童进行新的尝试，增强判断力，增加肌肉力量，也会让儿童在身体运作的过程中获得更深刻的理解并感受到更深层次的快乐。

在不那么令人拘束的户外环境中，儿童可以更自由地进行实验和尝试。因为户外是开放式的，所以它对儿童的行为限制会更少一些，户外支持儿童产生有价值的冒险行为（Gill，2007）。在户外，儿童更容易伸展他们的身体，在认知、身体和社会情感等方面可承担更多的风险。在户外，儿童拥有大量的冒险机会，这就使户外成为支持儿童学习的一个独特而丰富的空间。儿童可以验证自己的理论和猜想，提升理解力，发展新技能，提高自我意识，并深切地感受和体验到自然世界与我们之间的密切关联。

儿童学习的一个关键组成部分是围绕他们的学习特点制定发展策略。为了成为有效的学习者，儿童必须知道如何用最适宜和最好的方法来完成一项任务，如何将一个大任务分解为若干个容易控制和容易解决的小任务，以及预测下一步即将会发生什么。他们需要有很多场合和机会来发展自己遇挫和失败后的快速复原能力和顺应能力，也需要充分把握好用新方法解决新问题的创造性机会。而每一种学习品质或方法都完全可以在儿童户外体验的过程中得以自然地演进和发展，并不断得以加强和巩固。所有儿童在户外学习到的和实践过的策略都是可迁移的，可以应用于所有的学习领域和所有环境中。这些策略在室内课堂、家庭环境和社区中同样有效。

人们对户外学习重要性的理解和欣赏在全球范围内成为一种趋势。户外学习越来越多地成为各次早期儿童教育会议、各类教育课程和各种专业出版物中的讨论话题和研究课题。国家的质量评估和提升体系与认证机构在评估教育机构是否卓越以及是否达到高质量的标准时，也越来越多地关注教育机构的户外环境。

对教师来说，这种对户外的高度关注则意味着他们将会面临一系列的新挑战，教师需要对课程体系进行再次评估、反思和重构。由于人们对户外学习有了更多的期望，因此教师就需要更多地参与早期教育学习标准的制定，需要形成和发布更加范式化和书面化的课程体系。许多教师认为，强调花费更多时间进行户外活动的观点是颇具说服力的，也是令人兴奋的。然而，他们当前关心和担忧的是，自身的能力是否能够满足这一持续上升的教育期待。他们认为自己很难实现由各类早期教育组织、行政审核机构、监管机构以及相关的评估人员所制定的严格的规划目标，并且很难为户外活动提供额外的时间。教师的这些想法和担忧都极为现实。教育者为了保障更多的户外时间就需要不断地重新建构教育方案，这将是一项极具挑战性的工程。

然而，在我们关于儿童户外学习经验的研究中，作为教育工作者盟友的自然世界可以清楚而明确地直面并回应这些要求和挑战。在支持幼儿和教师达到预定的发展和教育目标方面，自然世界是一个无与伦比的资源库。通过观察自然环境下非结构化的时间段中儿童的行为，我们发现，这些儿童身上会自然而然地表现出许多积极的态度和行为，而这些与国家的儿童早期学习标准完全一致。这种极为有利的关联对教师来说是一个好消息。我们与其花费大量时间争论最应该追求哪些特定的学习目标，倒不如让儿童到户外去，持续不断地增强我们支持儿童学习、成长和发展的信心。通过创建精心设计的户外学习空间，通过为户外活动安排充足且灵活的时间，教师就可以支持儿童在所有领域的学习。

当我们意识到孩子们在户外的行为和态度与早期学习标准如此完美地匹配与关联时，我们需要有关键的教师来发掘户外的潜力。通过密切地观察户外工作和游戏中的儿童，分析他们的实际行为，我们愈加坚信这一观点。在明白了这一点后，我们也希望与其他教师共同分享这一见解。为了做到这一点，我们收集了大量的照片和相关的故事，这些故事都是孩子们用自己的话讲述的，都是关于他们在丰富的户外环境中如何学习的故事。这种学习常常发生在成人没有用语言进行讲述和没有直接介入的情况下。当我们分析了收集的数据后，我们就拥有了强有力的证据，这些证据就可以证明儿童的态度和行为完全符合并达到了所有领域的预期标准和指标。

从一开始，我们就十分关注学习领域中的学习方法，因为我们认为其对于儿童在未来的学校生活中能否获得成功至关重要。学习领域的方法主要与学习过程有关，这些方法可以直接帮助儿童解决学习中的具体问题。教师向我们表示，这也是他们最难衡量和感到困难的一个方面。教师常困惑于这样的问题：如何做计划才能发展儿童的好奇心、主动性、坚持性、冒险精神和心理复原力？在这本书中，你将看到自然世界如何通过给儿童提供大量的练习机会并发展儿童的内在心理倾向的方式来回答这个问题。书中的故事能够清晰地展示其中的原理和具体运作过程。这些故事对教育工作者在此种情况下的复杂角色进行了描述。在这些故事中，我们对儿童的游戏和学习行为的描述与对教育工作者角色的描述会自然地交织在一起。

丰富的户外学习要求教师深入地了解儿童和环境。很多时候，户外最有效的“教”是非直接的，常融入材料准备、观察儿童以及教师与儿童的交谈过程中。你可能会在下列叙述故事中看见自己，例如：你可能会去观察和欣赏儿童，会为一个工作空间增添新的工具，会在故事时间读一本适当的书，而这些行为恰巧能够激发孩子们的兴趣并能让他们对庭院项目产生新的思想火花；你还可能会通过提出一个问题来帮助孩子们明确探索和研究的具体行动方向。我们的一个目标或期望是：在阅读完这本书后，你将以一种新的方式和思维视角重新认识和欣赏自己以及周围的儿童，同时更加深刻地认识到在教师、儿童和户外环境之间存在一种密切而深厚的伙伴关系。

通常的教师培训往往关注的是让教师具有为儿童的室内学习活动提供高质量支持的策略和技能，很难帮助他们发展与儿童的户外学习相关的观察能力、评估能力和计划能力。本书就为你提供了进行此类操作的相应指导。本书提供了一个框架，将有助于你更自然地将户外这一重要场所融入你的教学实践，并将其具体地融入你对儿童的思考和规划。教师经过这种专业训练，就能够成为儿童在工作和游戏时的细致观察者，就能对儿童正在做的事情的复杂性有充分的理解，从而能够更加从容自如和得心应手地支持儿童的学习。这样的教师能够提出有意义的建议以支持活动的延伸或者提出恰当的问题拓展儿童的思维。教师可以根据儿童在活动和选择中流露出的明显的倾向、兴趣和所提出的问题来提供新的材料并创设新的机会。

图文并茂的叙述故事是本书的核心部分，这些叙述故事向我们展示了高质量的户外学习所具有的实际效果。在观察儿童的工作和游戏时，我们花费了数年时间收集和整理这些叙述故事。这些叙述故事充满了儿童式的语言，其中有儿童的新发现，也有儿童关于自己看到和感觉到的事物的表述、交流和对话。在某些时候，对话可能是儿童的内心独白，也可能是儿童与物质材料之间的对话，因此，这时我们无法听到孩子们的口头语言。在这些故事中，尽管孩子们没有用很大的声音来讲述，但他们的表情、行为和姿态本身就是内容丰富的故事。你可以发现，无论孩子们借助了口头语言还是没有借助口头语言，他们都如此善于表达，并且语言流畅。

接下来的这些叙述能够使你通过各种图片、文字描述和孩子们的话来亲眼看见和感受孩子们户外学习的丰富性和复杂性。每个故事仿佛都在邀请你发挥丰富的想象力，从而得以进入孩子们的户外世界，在那里，他们或许是在探索某一个项目，或许是在解决某一个难题。在每个故事后我们都会就户外游戏的特殊作用展开讨论。例如，户外活动对所描述的具体活动有怎样的独特贡献？教师在孩子们的经验形成过程中扮演着怎样的角色？最后，我们也会对每一个故事及其意义进行分析，从而让我们切实地感受到重要的学习正在发生。

除了阐明和解释儿童的学习之外，这本书还详细地分析和研究了在户外学习过程中儿童、环境和教育工作者三者之间具有怎样的互补关系。本书借助儿童早期学习标准创建出一个统一的框架体系，从而可以支持教育工作者进一步倡导和践行“让儿童有更多的时间投入丰富多样的户外环境中”这一观点，这样就可以让儿童在与环境的互动中不断地满足自身的需要并促进自身的发展。就儿童个体在户外不断地寻找问题的答案和参与到自己感兴趣的事件中这一现象，本书也为大家提供了一个实用的和写实的研究视角。通过记录和分析儿童户外经验的内容，本书向人们揭示了这样一个事实，即多方面的学习蕴含在儿童的探索和户外活动之中。因此，我们期待本书能够引发和激励大家一起为户外教育创造出更多的可能与机会。

本书中的故事和照片是我们反复斟酌和精心挑选出来的，这些资料全部来源于我们在一年四季中对孩子们在不同的环境下参与户外世界的探索时大量的实地观察。我们深深地感谢那些为我们提供各类户外场地的合作伙伴。这些户外场地中有的很开阔，有的很狭小，有的分布在乡村，有的分布在城镇。学校的校长和教师非常慷慨、开放并积极地参与了我们的工作。他们不仅与我们分享了这些场所，也和我们分享了他们的见解，他们十分友好地允许我们长时间地对儿童的游戏进行观察、记录和拍摄。正是他们的慷慨大方和坦诚，才使我们有可能探索和编写出这样一份内容丰富的文本资料。

致　谢

本书中所呈现的研究和实地考察是一个简单而快乐的心路历程。在本书中，我们能感受到的是许多教育工作者的慷慨大方和创造性的智慧，他们向我们敞开了大门，让我们得以记录下孩子们每天都会在户外活动中经历和体验到的那些非凡而独特的探索与学习。我们特别感谢来自花果山（Orchard Hill）社区的德博拉·波拉德（Deborah Pollard）以及儿童优先中心的唐娜·金（Donna King）和萨拉·迈耶（Sarah Meyer）对本项目的慷慨支持，感谢他们允许我们可以长时间地观察和记录其教育环境里的幼儿学习。我们还要感谢米德福克小学（Middle Fork Elementary School）四年级多人项目中的凯蒂·曼（Katie Mann），她在户外教学的早期阶段就邀请我们来到她的校园，这个项目也一直在我们的头脑中盘旋、酝酿和发展。我们感谢珍妮特·麦金尼斯（Janet McGinnis），她一直大力支持着这个项目，在北卡罗来纳州投入了数千小时来培训照护人员和教师，并与贾尼·科兹洛夫斯基（Jani Kozlowski）共同建立了北卡罗来纳州的户外学习环境联盟。我们感谢本工作小组的各位同事，他们向我们展示了全州范围的结构体系会给儿童带来令人印象深刻的各种好处，在这个体系中所有的利益相关者可以一起相互学习。

温迪（Wendy）要感谢各位校长，在她还是年轻的教师时，校长们支持并允许她成长为一名与众不同的教师。她特别感谢萨莉·布拉格（Sally Bragg），布拉格支持温迪带领班级中的孩子们（和他们的轮椅）一起到山上露营，一起到海边冒险，让大家能够看到头顶的星星，听到瀑布的声音，感受清晨的露水。她还要感谢贝琳达·洛克（Belinda Locke），贝琳达·洛克敢于和温迪一起为了梦想而开办一所学校，孩子们在这里能够与大自然密切接触，大家在一起相互学习和支持。温迪要感谢坦迪·琼斯（Tandy Jones）和艾莉森·希尔（Alison Hill），他们提供了位于美丽的北卡罗来纳州的查塔姆县（Chatham County）的树林里的场地，帮助温迪实现了创建一所学校的梦想。温迪还要特别感谢那些致力于实现学校整体教育愿景的教师，他们包括本·沃（Ben Waugh）、格温·奥弗特夫（Gwen Overturf）、埃米·古斯基维茨（Amy Guskiewicz）、沃尔特·泰辛格（Walt Tysinger）、凯特·皮尔（Kate Peele）、坎达丝·韦肯（Candace Waken）、查理·布查特（Charlie Butchart）、萨拉·戴利（Sara Daily）和萨拉·卡林顿（Sarah Carrington）。她还要感谢莉薇·勒丁顿（Livy Ludington）和托丽·罗尔斯顿（Tori Ralston），她们是和温迪一起创建欧文（Irvin）学习农场的坚定的合作伙伴。

金妮（Ginny）要感谢芭芭拉·费舍尔（Barbara Fisher），正是她让金妮得以在加州大学洛杉矶分校（University of California，Los Angeles，UCLA）附属小学的幼儿部担任教师，那里的沟渠、溪流和阳光照耀下的红杉树林早已成了孩子们日常生活经验的一部分。在那里，迪伊·汉森（Dee Hanson）和马德琳·亨特（ Madelyn Hunter）为学习提供了一个无比宝贵的视角，她们始终坚定地认为教师应仔细地观察每一个儿童实际上正在做什么和说什么。本杰明·巴尼斯（Benjamin Barnes）向金妮介绍并推荐了普洛登报告（Plowden Report）和英国幼儿学校的经验，并鼓励她在班级中不要过多地限制孩子们的活动。金妮感谢罗宾·穆尔（Robin Moore）的开创性工作，他阐明了儿童与其生长环境之间有着密切的联系，这一研究也激发了更多的实证研究，所有的研究再次让人们确信，在大自然中度过的时光对儿童来说有明显的益处。最后，金妮还要感谢露丝·帕纳尔（Ruth Parnall），在她忙于这部书稿的写作时，露丝·帕纳尔慷慨主动地承担了《庭院学习》（*Learning by the Yard*）这本杂志的大量工作。

我们非常感谢红叶出版社（Redleaf Press）的编辑们，他们是凯拉·奥斯滕多夫（Kyra Ostendorf）和戴维·希思（David Heath），他们对我们这个项目给予了迅速和热切的回应与支持。自从我们与红叶出版社的编辑们第一次接触后，他们就明确地表示出对项目的完全理解和赞同，而且他们尽全力设计和制作了一本十分美观的图书，以呈现给各位婴幼儿的照护者、教育工作者和幼儿教育的专业研究人员。

最后，对我们两个人的友好伙伴关系表示深深的敬意。我们既会彼此合作，也会彼此分享。在过去的两年中，我们共同经历了一段友谊发展、专业成长和相互启迪的美好历程，这一切将继续丰富和滋养我们的生活。

目　录

太阳下最美好的事情，就是在太阳之下。

——克丽斯塔·沃尔夫（Christa Wolf）

第一章

在自然中学习

幼儿是典型的体验式学习者。调查、检查和努力理解周围的一切是他们的天性。幼儿忙碌且警觉，他们是信息的收集者，会接收和处理他们遇到的每一个声音、景象和感觉。这种积极探索和全面理解的方式是幼儿所特有的，他们无论走到哪里，都会表现出这样的品质。当他们在室内玩积木、看书和在画架上混合颜色时，我们能看到这种品质；当他们在户外的沙滩上挖沙、在小山坡上奔跑和专心地关注身边的蝴蝶时，我们也能看到这种品质。幼儿会持续不断地对他们周围的景象和声音做出回应。他们对身体的感受尤其敏感，而这些身体感受正是他们自身经历和经验中的一个组成部分。

户外活动特别适合于幼儿积极主动的、身体感官式的学习方式，能为他们提供无尽的、多样的与环境互动的机会。在户外时，孩子们可能会在听到蟋蟀发出来的唧唧声时停下他们手头的事情去听；当靠在树干上时，他们会把身体弯曲成这棵树的形状；他们会感受到阳光正洒在自己的肩膀上，并且移动自己的身体收集来自太阳的温暖；在炎热的天气里，他们会本能地寻找阴凉处。儿童会用整个身体和所有的感官来发现身边的世界。他们会奔跑、跳跃或安静地坐着，会爬行、挖掘或平躺在地上。他们会被那些看似简单的事情吸引，他们渴望了解这些事情是如何发生的。他们通过观察、倾听、实验和反思行动的结果等方式来验证自己的想法。他们会把叶子一片接一片地放在小溪上，观察每一片叶子在水流中是如何前进的；他们会努力地在一个大水桶中装满沙子，然后把水桶倒空，一次又一次地重复这些行为；当一只蝴蝶穿过花园时，他们会跟随这只蝴蝶从一朵花跑到另一朵花旁边；他们会收集自己喜欢的石头、五颜六色的叶子、橡子、豆荚和其他自然物品，直到把自己的口袋都装满；在成人仅给予少量或完全不给提示的情况下，在丰富的户外环境背景下，儿童可以一整天都处于忙碌的状态。当儿童有了充足的时间和丰富的材料进行探索与发现时，他们就会和户外环境形成一个完整的、不可分割的、密切联系的整体。

游戏在儿童学习中的重要作用

人们重视户外游戏的主要原因在于其对儿童的身体和社会性的发展具有重要的价值。户外游戏也被视作一种孩子们休息的机会。有一些人认为学习和游戏是不一样的，他们认为学习仅发生在室内，甚至认为学习仅发生在课堂上。然而，如果将儿童早期学习标准直接应用于儿童在户外游戏的项目中，我们就会发现，游戏和学习完全是一回事。此外，“这种有趣好玩的背景与环境通常会成为儿童的学习动机的重要组成部分”（Pellegrini，1995，p.88）。当儿童自发地与他人玩耍时，他们就会自然地展现出非凡的能力。这种非凡的能力与儿童至关重要的长期态度和学习倾向之间有着密切的关联，而这也正是本书的一个关注点。创造力、灵活性、好奇心、坚持性、韧性等都是孩子们通过游戏这种方式逐步发展和完善起来的重要的学习品质。

游戏的价值被越来越多的教育者视为重要的研究课题。儿童通过游戏可以培养许多技能，尤其是可以在想象游戏中练习和完善的自我控制能力，这一能力的高低与儿童长期的学业成就呈正相关。“事实证明，儿童控制情绪和认知冲动的能力是其获得短期和长期成功的一个非常重要的指标，无论是在学业方面还是在其他方面。”（Tough，2009，p.32）仔细观察儿童的户外游戏对于我们了解儿童在户外环境中学到了什么以及学到了多少至关重要。早期学习标准提供了一个视角和镜头，通过这个视角和镜头，我们可以更加清楚地看到儿童的学习情况。本书向大家模拟示范如何用这些标准来更好地观察和评估儿童在户外的学习经历和体验。

游戏是儿童用来探索、感知和理解世界的主要工具。游戏是孩子们与各种材料、想法和他人互动，以及不断测试某种理论并持续完善自身的理解的重要手段。很多时候，成人只有真正地停下来，认真地观察和反思儿童游戏的具体内容，才会惊奇地意识到孩子们正在做的事情是多么复杂。正如蒙田在1580年所说：“游戏中的儿童不是在玩耍；他们的游戏应该被视为他们最严肃和最认真的一类活动。”

如果缺少介绍和解释，那么关于儿童学习的一些细节就很容易被掩盖，从而让我们忽略儿童游戏本身就具有的深刻与严肃，尤其是儿童的户外游戏。儿童在游戏中进行感知，产生想法，与周围的环境和周围的人进行互动并做出反应。他们会参与假扮游戏，扮演妈妈、爸爸、医生和教师等角色。他们会建造桥梁、堡垒、房屋和塔楼。他们发明出具有复杂规则的游戏，在游戏中他们会通过互相解释让大家规范自身的行为，从而遵守相应的规则。他们会上演戏剧，创造新的表演，成为走钢丝的人、驯狮子的人、芭蕾舞演员，也会装扮成坏人。他们会通过假装的方式去做那些他们极其渴望去做的事情：他们会驾驶汽车或者公共汽车，会以宇航员的身份进入太空，会假扮教师开展小组交流和学习活动，会互相读书给同伴听，会照顾生病的动物和婴儿。在这样做的过程中，他们能够不断筛选并测试自己获得的各种信息和感知觉，他们会共同努力并建构对整个世界的理解，正如《罗杰先生的邻居》（*Mr. Roger's Neighborhood*）一书中弗雷德·罗杰斯（Fred Rogers）所说的那样，游戏为儿童提供了一个练习的机会，可以让他们练习自己刚刚学习到的知识和技能。“为了发现更多的事物，他们不得不用真实的东西，这样一来，他们就可以在新形式的游戏中顺利地使用自己所学到的知识。”（1983，p.95）

儿童在自然世界中获得的独特的游戏体验会自发地唤醒其内心的好奇心、主动性和想象力。他们在那里遇到的问题会以极自然的方式促进其发展推理能力和解决问题能力。通过不断应对和克服户外的各种挑战，儿童会更加有毅力和坚持性，变得更自信、更独立，同时获得承担一定风险的能力。大自然提供了大量的、持续的且能让孩子们学到东西的宝贵时刻，提供了无穷无尽的探索机会和进行批判性思考及独立判断的因素。户外是一个能够让孩子们通过游戏来不断应用和完善自身技能的好地方。

早期学习标准在户外活动中的应用

确定早期学习标准的目的就是为了提高幼儿教育质量，并力图通过确定儿童成长和发展的基准来有效地协助和支持教师。早期学习标准同样适用于室内和户外的学习环境。然而，迄今为止，为教师提供的大多数关于使用早期学习标准的指导只聚焦于室内环境。大多数的指导手册认为教师有责任将标准融入教学实践中，同时在手册中用了大量篇幅介绍了教师在室内环境中应如何运用这些标准，这些做法使很多教师打消了在户外环境中应用这些标准的念头。其结果就是，教师在利用户外环境来支持儿童学习和达到早期学习标准的重要性和有效性方面缺乏充分的认识和理解。本书就户外环境下教师如何支持儿童达到早期学习标准这一问题提出了具体的指导建议。更为重要的是，通过将标准的使用范围扩大到户外环境，本书也为大家提供了一个全新的令人兴奋的视角，这一视角可以让我们看到，户外环境在儿童的学习过程中是一个多么强大和有力的合作伙伴。

通过对儿童户外游戏及其内容的分析和研究可以看出儿童的经验如何与早期学习标准的内容，尤其是与学习领域的方法紧密结合在一起。我们看到，用于描述儿童在学习过程中的行为和态度的词语（如“好奇心”“想象力”“解决问题”“冒险”）与那些描述儿童户外游戏的词语是一致的。因此，早期学习标准和学习方法强烈地倾向于教师应让教学回归到自然环境中。自然世界是儿童发展早期学习标准中那些重要的态度和技能的理想场所。

早期学习标准不是一成不变的。它们并不是一种短期的和可测量的结果，并不像一些学习目标那样可以使教师通过精确测试、量化和简单查看儿童的学习档案等方式来检查和了解儿童的任务完成情况。相反，这些重要的长期结果和行为需要教师持续的激励和支持，因为其对儿童未来所有领域的学习都有重大的影响。标准是动态的：它们是教师通过规划和有目的地关注儿童所处的环境来帮助儿童获得的一系列品质、态度和习惯。在附录中，我们以列表的方式呈现了本书中所提及的各个具体指标。

越来越多的幼儿教师开始意识到户外环境是一个独特且不可或缺的学习场地，同时开始寻找方法为儿童提供更多在户外游戏的时间和机会。这些方法通常包括重新思考儿童的日常生活和实践，然后重新设计或者改善他们当前的户外活动空间。全国各地的幼儿教师都处在与户外环境建立良好关系的不同阶段。你可能正处在一个努力改善户外环境质量的阶段，或者你也可能正工作在一个改善环境的机会看起来十分有限的教育机构中。无论你的具体处境如何，重要的是，你要参与这场关于户外学习的巨大益处的对话，并且要尽力寻找一些好的方法来支持儿童与大自然重新建立密切的联系。

看看你周边的游戏场地吧，把那里可利用的自然元素全部画下来。看一看，想一想：那里有没有一棵孩子们可以认养、学习和照顾的树？是否有一小块地方可以用来建一个小花园？如果没有这么大的空间，那么我是否能够在地面或窗台上留出一个空间来放置小型的花盆或种植箱？是否有孩子们可以挖掘石头或观察昆虫的地方？我是否可以悬挂一个喂鸟器，以便让我的户外空间更加充满活力？事实上，你所做的任何改善栖息地环境状态以及增加周围动植物多样性的事情都会给你和儿童带来明显的益处。

除了你周围的空间外，你还可以看看场地围栏之外的社区。你可以思考一下：我的附近有公园吗？是否有一个愿意和儿童分享自己的美丽花园的邻居呢？当在社区散步时，儿童能否找到一些有趣的地方？所有人可以充分地利用自己周围的自然元素，这些自然元素其实无处不在，如天空、移动着的云层、迎面吹来的风、天气、太阳和雨水。这些自然元素可以为儿童的各种发现和对话创造机会。即便是在空间相对有限的城市中，孩子们也可以去收集雨水，和自己的影子一起玩耍，制作风向标，或者在建筑物的墙边或栅栏旁边种植各种藤蔓。这些活动中的每一个都可以展示出儿童与自然世界的规则、系统及元素的互动和密切的联系，而这一切对于发展儿童深刻的理解力有着极为关键的作用。与此同时，这些活动也能支持儿童参与到学习方法的运用中并使他们能够顺利达到儿童早期学习的相应标准。

让儿童与自然世界建立密切的联系

在自然世界中，我们感到开心自在，会有一种家的感觉。成人应当让儿童拥有充足的时间去探索大自然，这是儿童健康发展的重要基础和关键条件。通常情况下，两代人以前的那一批儿童在大自然中所享受过的那种体验已经不再容易获得了。城市的急速扩张早已破坏了许多儿童玩耍的自然空间。许多空地、大的后院、当地的农场、尚未开发的田野和森林不再供儿童使用。儿童的玩耍场地和学校场地越来越人工化。尽管这一趋势正在开始改变，但是自然元素仍是户外场地中最不具有代表性的元素，取而代之的是各种以攀爬设施、人工覆盖物、各类路面和其他人造景观为主要元素的场地模式。

不仅社区和学校的自然空间正在急剧减少，儿童探索自然世界的时间也发生了明显的文化转变，孩子们不再拥有大量的、无人组织的和无人监督的自由探索自然世界的时间。越来越多的父母开始出门寻找和从事各种工作，这就意味着越来越多的孩子需要一整天在有专人照护的各类托幼机构和看护中心里度过。人们对风险的认识、承受风险的能力和容忍风险的程度也发生了根本性的改变。大多数的成人已不再愿意让自己的孩子与同龄的邻居小伙伴们每天在一起玩耍，以及每天去探索野外的各种空间。

当前正呈现一个人类持续地撤退到室内的趋势，人们更喜欢躲在室内，更乐意在电视、计算机、电子游戏机和各类电子产品前消磨时光。家家户户在夏季时节追求和享受舒适的空调，而到了冬天就在室内寻求充足的热量，并且喜欢去感受和享受紧闭大门后的那种安全感。许多成人开始相信，更多的科技手段可以让儿童的学习速度变得更快，而这一观点使我们所面临的问题变得更加复杂。这些观念和行为带来的结果就是：儿童能够合理拥有和正常使用的户外自然空间正变得越来越小，能够使用户外空间的机会也大大减少。“自然场地的消失在世界各地已变得如此普遍，以至于在日本儿童会用‘hiraku’这个词来形容和描述这种情况，其意思就是我们失去了大量的小草、树木、其他植物和各种游戏场地。”（St. Giermaine，1994）

为了应对这一损失，学校和早期儿童教育机构既有机会，也有不可推卸的责任和义务来大声呼吁“我们要保护儿童，保护自然环境”。这么做不仅有利于儿童，也有助于教师更好地应对当前社会对他们提出的大量新要求和新挑战。对大自然在儿童发展中关键作用的了解将帮助你充分地开发和利用好丰富的户外学习空间。将早期学习标准和户外学习相互结合是满足儿童需要的一种强大且有效的方法。将这些标准应用于户外活动就可以进一步提高儿童的学习能力，而且更为重要的是，这会有助于你履行自己的职责，从而能够协助儿童与自然世界重新建立密切的联系。本书中的故事和图片对孩子们在有着充足的时间和空间的情况下，如何以恰到好处和无缝对接的方式积极地回应自然世界的过程进行了细致与生动的记录。

开发丰富且反应灵敏的户外学习环境需要教师充分理解时间和多样性在儿童的户外游戏中所扮演的重要角色。儿童和环境互动合作的质量直接取决于时间的充足性、材料的可利用性和机会的多样性（Moore & Wong，1997）。儿童对匆忙的感觉极为敏感。他们需要充足的时间来让自己有意义地参与到对一个想法的实践或一个活动之中。匆忙的状态会造成压力并限制想象力。如果孩子们没有时间去充分地体验、感受和探寻一个较大的想法或项目，那么他们就不乐意接受这个想法或项目。他们所从事的许多项目和发现需要自己在其中持续探索较长时间，这样才能让自己的能力发展到令人满意的复杂程度。对一个儿童来说，解决一个特定的问题或形成一个想要探究的想法可能需要较多的时间。如果有了更加充足的时间，那么孩子们就会从中受益，就能够更好地发展自己的想法，就会更好地选择材料，这将有助于儿童围绕自己感兴趣的内容更好地进行探索或表达。

本书中展示出的那些令人十分满意的项目活动往往会持续数小时、数天甚至数周。这些项目都具有灵活性的特点，那就是允许孩子们轻松地来来去去，这会让孩子们感到舒适，能够让他们对自己的节奏和兴趣做出适当的反应和回应。这一特质完全符合我们对幼儿自身及其基本需求的认识和想法。有时候，儿童在活动中会一时走神或显露出疲惫状态，而这种现象并不一定意味着他们已经对这个项目失去了兴趣。他们如果有足够的时间来来去去，那么通常会带着新的能量和新的视角重新参与其中。儿童时而会完全沉浸于活动，时而会完全退出活动，这种现象本身就是儿童天性的一种自然流露和显现。这种独特的参与模式也意味着幼儿已经获得了一种来自成人的最好支持，因为他们在玩耍和做事情的时候拥有一长段持续的和不被打扰的宝贵时间。

儿童可以获得的机会和材料的多样性是定义优质的户外学习环境的另一个关键因素。儿童会对差异做出反应，而且他们需要面临多样的选择。因此，户外环境必须包含一系列可供探索的可能性，而且需要包含儿童可以与之互动的元素。儿童在不同的阶段会产生不同的需求，这些不同的需求包括：大的和小的空间、明亮的和阴暗的空间以及高高低低的地方。他们会根据物品的颜色、质地、形式和形状等方面的差异做出不同的反应。

通过把大自然纳入游戏场地之中，儿童就可以拥有他们想获得的各种多样性的选择。树木、灌木和花朵提供了无数的、可供比较的内容。树枝、石头、树皮、豆荚、花、茎和叶展现出了有趣的形状、纹理、颜色和形式，可以让儿童进行探索和比较。这些物品会随着季节的更替而发生变化，它们蕴藏着无穷的趣味，为孩子们提供了广泛的选择来进行游戏。时间和天气对自然材料也有着深刻的影响，像豆荚和落叶这样的物体会随着时间的流逝慢慢地腐烂、变得干燥或被风吹走，它们每天都在变化着。这种持续的变化会为游戏场地增添新魔力，会大大激发儿童的想象力。在这个过程中，教师可以给儿童提供各种工具和道具，如水桶、铲子、放大镜、服装、图书、球和各种艺术创造材料，这些都将有助于扩大儿童在户外的选择范围。

儿童总是在不断地寻找着问题的答案。本书中的故事可以向人们证明，儿童拥有在大自然中“发现”事物的能力。他们会不断地尝试和提出一些问题，他们想知道“这是怎么回事？”。儿童会先摸索事物然后再体验其反应，这就是他们寻找答案的特有方式。自然世界是一个包含规则、结果和模式的系统，因为它们是真实存在的，所以它们可以被发现。如果孩子们能够集中精力地关注某一事物，去观察、倾听和感受，那么他们就能形成自己的问题，找到获得真正的知识的线索和路径。通过体验以及与各种材料的互动，他们会收集到数据和证据，从而了解到重力和水总是会向下流动的事实。在明媚的春光下，如果有足够的时间到户外玩耍，那么孩子们可能会发现鸟的叫声中也有不同的模式，会在知更鸟发出鸣叫时立刻辨别出来。也许他们会在一条水流湍急的小溪上建造一个大坝，会把几块石头聚在一起降低水流动的速度，那么，在寒冷的冬夜里，在某个平静的小地方就会奇迹般地出现一小块冰面。

在户外，孩子们可以看到许多发生在周围的事情，而且他们想知道这其中的原因。“与其说游戏反映了思想（正如皮亚杰所说），倒不如说是游戏创造了思想。”（Vandenberg，1986）游戏所具有的潜在模式和规则是自然界的一个部分，游戏对于一个正在努力学习的儿童来说就是一个极为理想的环境。当前，儿童在大自然环境下自在游戏和开放式探索的机会还十分有限或不足。本书中叙述的故事向我们表明，当孩子们的户外游戏受到充分重视后，他们会如何自然而然地被丰富的兴趣、意义和学习经验吸引。由此可见，教师对资源调配的深思熟虑和精心准备、留出充足的时间和对话的机会将成为一个回应式户外学习环境的重要组成部分。

如何使用这本书

在编写和排列这本书所使用的标准和指标时，我们首先对目前在美国各地实施的早期学习标准进行了研究和分析。由于各州的标准不同，因此，我们对它们的趋势、共性、差距和重叠之处进行了重点分析和思考。在综合大量研究结果的基础上，我们整理形成了一套具有代表性和较为全面的儿童各领域学习方法的指标，该套指标适用于所有教师，而且会让他们感到十分便利和有价值。

此外，我们也认真研究和分析了国家制定的各种可观察到的行为标准，以期为教师提供在应用标准方面的帮助和支持。在这一过程中，我们再次试图探寻一种适宜的模式和一种大家都可以接受的语言表达方式。针对每一项标准，我们为3—

5岁儿童制定了一份具有代表性的适龄学习指标清单。每项标准的具体指标数量为3 ~ 5个。尽管有些标准比其他标准包含更多具体的小指标，但是这并不意味着这项标准就比其他标准更加重要。事实上，这些具体的小指标的数量仅与成人在实际的环境中寻找和发现相关行为的数量有关。不同的州在分配和罗列早期学习标准的指标或行为数量时也会面临类似的情形。由于存在这种差异，因此，书中各章的长度会因所讨论到的具体指标数目而具有一定的差异。在创建列表时，我们会尽可能地让这些指标的表述显得更为清晰、简洁和实用。

在反思这些指标时，一定要牢记，每个儿童都是不同的，儿童的年龄、气质、兴趣、能力、做事的风格和生活背景都是不一样的。在阅读不同的故事时，请记住，这些故事只是可以用来说明每个指标的数千个例子中的少数几个。这些故事仅仅可以为你提供观察环境的新工具和理解儿童的新想法，而无法告诉你在实际中应该做什么和具体怎么做。我们仅仅为你提供了一个跳板，期望协助你进一步思考应该如何让孩子们更有可能和更加有效地达到每一条标准。早期学习标准是一个有价值的工具，它涵盖了儿童发展的各个领域，而且是可操作的。这些标准以一种有组织的和全面的方式来应对和处理儿童成长涉及的所有领域。教师可以把这些标准应用于户外环境，这样就可以在儿童的项目和各种活动的设计中展现深刻的洞察力及提供具体的指导，而且在新的视角下，以一种更加有意义的方式来观察儿童的活动并理解他们的发展。

本书的目的就是要为教师如何更加一致和更加有效地利用户外活动来支持幼儿的学习提供具体的实践指导。户外活动为儿童提供了一个十分理想的环境，能够让他们形成积极的学习态度，并不断练习早期学习标准中所描述的那些行为。本书中叙述的故事在标准和户外教学经验之间架起了一座重要的桥梁。通过真实地展示户外环境背景下儿童如何在日常活动和自主游戏的过程中以一种强有力的方式参与标准评价，这些故事可以十分清楚地表明，儿童对户外材料和体验的反应与标准框架下的儿童成长有着深刻和密切的联系。

你可以采用多种方式使用这本书。书中叙述的大量案例和故事可以为你的各种活动设计、材料准备和环境创设等提供新的思路和想法，可以对那些期望在户外与儿童进行友好合作的人起到积极的帮助作用。你也可以把这本书当作一个有趣的文本和户外学习资源来阅读。或者你也可以将其作为一份参考资料，可以随时在书中查阅儿童早期学习标准和相关主题。与儿童的学习方法相关的每一个标准都会在其各自的章节（第二章至第八章）中被详细地讨论，而且我们也会将这些标准进行整体展现。

- 介绍本章所要讨论的特定的标准。
- 概述：为什么这项标准对于儿童的健康发展十分重要？
- 与实践相关的思考：各个州和国家级的早期儿童组织是如何对相关标准进行分类的呢？
- 对标准的应用：哪些可观察的行为或指标可以用来判断儿童是否达到了这一标准？
- 体验这一标准在户外环境下的应用：我们将提供与指标相关的故事，然后深入讨论该指标与户外学习的关系。讨论中会包括对故事的分析和解释。我们也为每个指标提供了一个深入讨论或反思式的问题。
- 进一步反思：应用这项标准将会如何影响教师的户外教学？

对于每一项早期学习标准，教师都会努力地寻找各种可观察到的行为，以此来表明孩子们正在参与和达到该标准的内容。这些可观察到的行为标准在各州有着不同的表述，如“指标”“广泛持有的期望”“效能指标”或“基准”。在这里，我们选择了“指标”一词，我们认为这个词相对来说更加清晰且便于大家认识和理解。

我们综合分析了各个州关于儿童学习标准中各种可观察到的行为的描述，为3—5岁儿童制定了具有代表性的适龄指标。这些指标往往会以多种方式展现出来，并且会受到许多具体因素的影响，如儿童的年龄、气质、兴趣、能力、做事的风格和文化背景。尽管每个儿童拥有独特的学习风格、背景和需求，但是其体验和达到每一种学习标准的实际结果将在很大程度上依赖教师所提供的环境和材料及其回应和照顾儿童的具体方式。

虽然这个指标列表适用于室内环境和户外环境两种环境，但是在这里，我们的重点依然是户外环境。我们的目的在于进一步阐述和说明丰富的户外环境如何积极地回应儿童的好奇心和主动性。我们会借助两个具体的故事来深入地描述和讨论每一个指标。这些故事能够让我们对这个特殊的自然世界产生激动人心的深刻印象，同时让我们感受和体验到自然世界在促进儿童的学习和支持教师的教学方面具有如此巨大的潜力。

我们真诚地邀请你共同关注这些故事，把这些故事当作与高质量的户外学习密切相关的事例。这些发生在户外环境中的活动和教学事例可以帮助和启发你更好地重视和欣赏户外环境中存在的良好机会。这也可以帮助你思考应该如何进一步地扩展和丰富这些机会。你可以把自己置身于这些故事中，想象着假如自己每天身处在一个供应充足的户外环境中，每天能够与儿童在一起充实地学习和生活，这将会给自己带来一种什么样的感觉。你也可以在这些故事中看到自己的身影，你会发现自己可以在这些活动之后继续开展延伸活动。每个人都能在这些故事里有新发现和新收获，这一定是令人激动的、鼓舞人心的。这些故事向我们揭示和展现出儿童户外学习方式的多样性。阅读这些故事可以帮助你进一步扩大你为支持儿童学习而提供的活动范围。你完全可以跳过某些词语，直接把自己的注意力集中于那些精彩生动的图片和那些与图片相关的故事。

我们也由衷地期盼你充分地利用好这本书，在与同事、家长、社区领导和政策制定者进行对话的过程中，能够有效地推广和全面地描述户外学习给儿童带来的极大益处。通过深入探究儿童在户外的实际活动，并从儿童早期发展标准的视角来观察和审视他们的活动，我们可以围绕户外学习的重要作用和价值生成新的案例、样本和模块。这本书的核心观点就是，儿童的健康成长和发展与户外活动之间存在着一种重要的和密切的联系。我们认为，本书中描述的大部分户外精彩的学习活动在任何其他非户外环境下并不会轻易地发生。

“这真是太有趣了，”小熊维尼说，“我把它扔到了另一边，可它居然会从这一边冒出来！我不知道它是否会再来一次。”

于是他又回去拿了好几个冷杉树果。

——A. A. 米尔恩（A. A. Milne）

第二章

好奇心和主动性的标准

好奇心和主动性在户外得以充分发展，因为户外有太多的惊喜等着儿童去发现，有太多的变化等着他们去理解，很多声音和运动方式是儿童不知道的，儿童有大量的机会在户外进行观察和试验，从而寻找其中的因果关系。蕴含丰富资源的自然环境可以给儿童带来现实生活中真实的困难和真实的难题。户外充满了各种各样的元素，这些元素随着太阳光线、气候和季节的改变而发生持续的变化。这样一个有趣而充满活力的环境会鼓励儿童投入连续不断的探索循环中。当你在一旁观看时，你会发现一种经验是如何引导出另一种经验的，孩子们的好奇心会促使他们提出新的问题，孩子们的主动性会引导他们进行新的调查研究。

概述

为什么好奇心和主动性的标准对于儿童的健康发展十分重要?

儿童天生就具有好奇心。从出生开始，儿童就表现出对事物的热切渴望和好奇。婴儿天生就具有利用感官来探索和理解周围世界的倾向。多年来关于遗传与环境之间的讨论向人们阐明，儿童的发展与其周围环境有着极密切的关系。儿童和环境之间的相互作用能够引发新的学习。儿童倾向于尝试“将分散的点连起来”且更容易掌握第一手经验。天生就有的好奇心和满足自身需求的人类本能成了儿童行为的动机。因此，在学习和成为一个正常人的过程中，儿童与环境是相互合作的伙伴。当儿童向环境学习时，好奇心不仅能够引发儿童的探索行为，也能够促进儿童进一步发展自身的觉察力。

就像具有好奇心一样，孩子们在很早的时候就表现出主动性以满足他们的需求。主动性会表现为积极活跃的好奇心与求知欲，此时儿童会以“拨一拨”“推一推”和“通过做事来寻求新的发现”等方式进入周边环境，同时主动性是儿童愿意表达和试图发挥个人影响力的一种表现，此时儿童的表现方式则是在这个世界中“做一个记号”。你无法创造好奇心，你也无法把好奇心直接教给儿童并让他们表现出主动性。相反，对我们来说，至关重要的就是要寻找方法来支持儿童发展这些与生俱来的良好品质，同时要让儿童从很小的时候就开始延伸和发展这些才能。为儿童提供包含大量丰富的材料以及充足的自选活动和自选项目的环境，是你支持儿童充满兴趣地学习新事物、做出新尝试并积累新经验的有效方式。这样一来，儿童在独立中成长，同时不断地提升自己做出周到的、明智的和令自己满意的选择的能力。

儿童早期阶段是儿童形成和巩固学习态度的重要时期。教师可以通过为儿童提供一个设计好的环境来支持他们培养好奇心和主动性，从而协助和支持他们形成影响其终身学习的良好态度。当儿童感受到来自成人的支持（在他们充满渴望地对自己感兴趣的问题和活动进行探寻和参与时，成人展现出开放和开明的态度并能充分地理解和认识到每一个儿童都是独特的个体）时，你就会看到其效果非常显著，其影响力也非常大。儿童会在自己的学习中以一个积极的游戏者的身份来获取各种经验，他们会学着用创造的和开放的方式来观察世界，提出有价值的问题，并围绕问题寻求可能的答案。

与实践相关的思考

各个州和国家级的早期儿童组织是如何对好奇心和主动性的品质进行分类的呢？

在考察全国范围内的早期学习标准时，我们发现好奇心和主动性是最常被提及的两项标准。这两项标准会激发和推动儿童走进这个世界。好奇心和主动性会激发儿童提出自己的问题，支持儿童彼此间积极地互动，做出选择，表达自己的兴趣和爱好，以及不断发展自身的独立自主性。这些行为可以将儿童和环境直接联系起来，而环境正是儿童学习的基本来源。一项研究分析表明，在大多数地方教育组织的标准中，“好奇心”和“主动性”这两个词背后暗含充满能量和积极努力之意。与好奇心和主动性相关的词语包括：(1) 渴望；(2) 表达；(3) 尝试；(4) 找到；(5) 试验；(6) 提问；(7) 发现；(8) 讨论。

虽然我们通常会把“好奇心”与“主动性”这两个词搭配在一起使用，但在一些州，好奇心被视为一个单独的类别，而在另一些州，它与“积极参与”“坚持不懈”

或“渴望”等词语密切相关。同样，主动性通常会与好奇心相伴，但有些州会将主动性与坚持不懈相结合，而另一些州会把主动性设置成一项单独的标准。这些信息都充分地说明了一个事实，那就是好奇心、主动性和坚持不懈是促进儿童健康发展所必需的三项重要标准。由于好奇心和主动性这两者之间有着极密切的关系，而且把它们放在一起让人更加容易理解，因此在本书中，我们就把这两个词结合在一起使用。好奇心与人的求知欲相关，而主动性代表的是一种制订和实施计划的能力，这一能力能够让一个人发现并满足自身的求知欲。通过深入理解这些品质，把它们视为学习的重要途径，你就可以鼓励儿童获得进一步的发展。与孩子们进行交谈、倾听他们的描述和拓展他们的想法，都是教师应当具备的关键技巧和能力，这些能力将促进儿童持续地发展自身的好奇心和主动性。此外，教师应根据儿童兴趣的变化而持续地了解和调整活动室的环境，这一点也很重要。教师可根据具体情况对活动的日程安排、日常事务、材料、地点和内容进行必要的调整。

对标准的应用

哪些可观察到的行为或指标可以用来判断儿童是否达到了好奇心和主动性的标准？

好奇心和主动性有巨大的影响力，是推动儿童学习的宝贵力量。它们是一种驱动力，需要儿童付诸行动。儿童需要获得一些材料来开展调查研究，需要提出相关问题并进行探索和研究。因此，环境在支持儿童达到这一标准方面发挥着极为关键的作用。在创设环境时，教师要为儿童提供丰富的、有选择的和充足的时间以支持和保障儿童开展探索活动并实践自己的想法。因为户外能够提供非常多的选择和广阔的探索空间，所以户外被人们视为极其丰富的资源宝库。在一个丰富的户外环境中，有些出乎教师意料的儿童的好奇心和主动性并不会造成混乱，因为儿童会积极地参与活动并专注于自己感兴趣的事情。当遇到新情况和新问题时，成功的教师会表现出欣喜和接纳的态度，这将有助于发展儿童的好奇心和主动性。教师能认识到这些行为将有力地促进儿童的学习。这些标准有助于我们进一步明晰究竟应当追求什么。

综合参考各个州列出的可观察的行为标准，围绕3—5岁儿童的好奇心和主动性的发展，我们综合概括出以下5条行为指标：

1. 儿童通过提问、发展思路以及探索物体等方式来表现对学习的渴望；
2. 儿童在交流中表现出自己的兴趣和爱好，并且能积极地与他人互动；
3. 儿童对这个世界充满好奇，并乐于接受新的经验；
4. 儿童会通过各种感官来探索这个世界，并亲身体验从问题到答案的过程；
5. 儿童能创造出新项目并在参与的过程中越来越独立。

体验好奇心和主动性的户外指标

指标1：儿童通过提问、发展思路以及探索物体等方式来表现对学习的渴望

红叶

“你看这片树叶上有个小洞，所以它被挂住了。叶子已经有点破了，也许它就属于这棵树，也许它是从另一棵树上掉落的，恰好被卡在了这里！”

这是一个下雨天，莫莉已经在树林里玩了大概15分钟。她感到空气又湿又冷，于是打算和大家一起回教室。在返回的路上，她看到一片孤独的红叶挂在一棵小树上。它那明亮的颜色在秋天一大片棕色和灰色的树林背景中显得格外突出。于是莫莉停下脚步，并仔细查看。她注意到这片挂在树枝上的红叶并没

有依靠它的叶茎，而是通过叶子上的一个洞让自己挂在了树枝上。这个简单的谜题立刻把她带到了一个好奇的世界。她大声地说出了自己的想法："这里发生了什么？"她想到的第一个解释是，这片叶子属于这棵小树，是这棵小树最后的一片叶子，它还没有落到地上是因为洞使叶子挂在了树枝上。她抬头看了看周围的树，许多树枝上仍然挂着许多树叶，她所看到的这些东西让她开始质疑自己最初的解释。借助这些新的信息，她又提出了另一种假设，她大声地说出了这个观点：这片叶子很可能来自旁边更高的那棵树，它在往下落的时候，恰巧挂在了这棵小树的树枝上。

自然世界中充满了像红叶一样能够吸引儿童的注意力并激发其想象力的精彩场面。除了叶子本身的美丽，它也是一种运动（一片叶子会飘落下来）和过程（叶子的颜色在秋天会发生变化）的结果。观察叶子的运动会把儿童和问题连接起来，同时也会产生更多的线索，这些线索将会帮助儿童对更多的问题和自然现象产生兴趣。一旦他们进入自然世界开始探究，儿童和教师就会发现约翰·缪尔的描述如此恰如其分，也就是说，在户外"当我们试图把某个事物单独挑选出来时，我们就会发现它与宇宙中的其他事物息息相关"（Muir，1911，p.157）。大自然的整体性使户外学习显得如此自然和充实。

莫莉发现了一个谜题并构想出了一个具体的问题来解释她所看到的一切。她能够检验自己的假设，通过添加新的信息来完善它，并围绕发生了什么而继续思考。在支持这一探究活动的过程中，教师的作用必不可少。教师如果过早地给儿童提供关于事物的具体解释，将会使儿童所参与的自然探究活动提前结束，而这样实际的探究过程对儿童形成关于事物的深刻的理解力极为必要。教师直接把正确的答案提供给儿童，就会抑制和阻挡儿童的发现、假设和提出自己的解决方案。通过为儿童提供时间和空间，让他们围绕自己看到的和感兴趣的事情进行深入的思考，教师就可以支持儿童发展其自身的好奇心和主动性，这样也能确保儿童可以充满信心地提出和解决问题。教师所提出的初步建议会帮助儿童不断地提升自身的观察能力，而且可以帮助他们进一步感受周围世界中事物之间的相互关联。儿童真正地参与探究的能力是他们学习的根本基础。

死去的小鸟

“这只鸟没有死，它是假装的，它只是有点害怕。”贾里德说。

“我们如何知道它是否还活着呢？”他的老师问。

“我们可以用一根棍子去碰碰它，或者把它轻轻地翻过来。它如果没有死，就会飞走。”克罗斯比提出了自己的建议。

“……它已经死了。”乔希做了总结。

贾里德和他的妈妈上学迟到了，在进入大楼的路上，他们注意到一只死去的小鸟躺在停车场的落叶上。当他们走进活动室时，贾里德向一名教师描述了他所看到的一切。很快，一群对此感兴趣的孩子聚在一起听贾里德说这件事。随后，八个孩子、一名教师和一名教学助理一起走出活动室去调查这一事件，而其余的孩子则继续在室内愉快地做自己的事情。

在出发之前，教师和孩子们就调查中需要采取哪些基本措施以确保他们的安全进行了讨论。这些措施包括：只能用眼睛看鸟，不能触碰鸟；大家要待在足够远的地方，从而让每个人都能看到那只鸟。当走近现场时，孩子们和教师围着这只鸟，形成一个半圆形，并大声地讨论，他们想知道这只鸟是否真的死了。孩子们建议，可以用棍子把鸟翻过来并用棍子碰一碰的方法来确认这只鸟是否会飞走。教师找来了一根长棍子，轻轻地把鸟翻过来，然而小鸟没有丝毫动弹的迹象。大家由此得出一个结论：是的，这只鸟已经死了。然后，孩子们开始寻找线索来解释这只鸟的死因。一个孩子建议看看这只鸟的身上是否有伤口或“洞”，然而他们在鸟的身上什么也没有发现。后来，他们开始对这只鸟周围的环境进行探索，希望能找到其他线索。

“我想，它昨天晚上正在树上筑窝的时候，因为天太冷了，所以就被冻死了。”“也许它被大黄蜂蜇到了。”（这时恰巧有一只昆虫从旁边飞过。）“看！这里有一条线索。”（一个孩子用手指着灌木丛。）“我觉得它可能被树枝刮伤了。”

在这场生动的讨论中，孩子们不断地提出不同的想法，每个想法都结合了周围环境中不同的具体情况，从而对可能发生的事情做出解释。孩子们互相倾听，教师倾听每个孩子的想法。有时教师会提出一个问题以进一步澄清或扩展孩子们的想法。每个想分享想法的人都能表达自己的观点。在此之后，一个孩子建议大家把小鸟埋起来。

这些孩子非常幸运，因为他们遇到了如此好的教师，这名教师能感受到孩子们的需要并且支持他们举办仪式，而仪式感会支持儿童表达出内心深处的强烈感情。这些孩子决定把鸟埋起来。埋葬是一种对死者表示尊重的文化表达方式，同时是一种文化传统，而这种传统可能来自他们听过的故事或者个人经历。但是，在这里孩子们走得更远，他们创作了一首歌曲来帮助大家抒发和表达这段经历在他们心中唤起的强烈情感。大家自发和自觉地唱起了歌，这个时候他们好像都在内省，仿佛是在查看自己在进行这样一种慰藉活动时内心的反应。

“让我们把它埋了吧。”

“我想我们应该把它埋了。”

“我们需要一个盒子。”

“让我们来唱一首歌……一首悲伤的歌。在我们埋它的时候，一个人唱一首歌，然后另一个人接着唱一首歌。”

孩子们排成了队，每个人唱着不同的歌。他们向附近的树林走去，然后把鸟埋在了一层落叶的下面。乔希唱道：“我们为你的死感到遗憾，我们为你的死感到悲伤，我们要把你安葬。我们为你的死感到难过，因为我们再也看不到你飞翔。”乔希的歌曲的最后一句清晰地表明，他意识到了死亡就是一个生命周期的结束，他意识到这只鸟已经不再是周围的一部分了。

户外存在着许多意想不到的谜题，这些谜题被深深地嵌入环境中，激发孩子们观察并注意周围的变化。随着对世界运作方式的理解不断加深，儿童会逐步揭开这些谜题的神秘面纱，而且会对它们形成新的认识。户外的变化与孩子们在室内观察到的变化是不同的（室内的变化通常是由成人的一个决定和一个有意识的想法所导致的）。在没有教师事先计划的情况下，儿童在户外会发现很多事情。在周一，孩子们会发现一张蜘蛛网；而在周二的早晨，当他们再次见到蜘蛛网时，他们或许会发现蜘蛛网上有闪闪发亮的露珠，或许会发现蜘蛛网上挂着一只被困住的昆虫，或许会发现这张蜘蛛网早已消失不见了。那只死去的小鸟躺在停车场边上的树叶上，这个现象就是一个有待儿童探寻的谜题。在这只小鸟的尸体被移走或被其他动物吃掉之前，它很可能不会被人们发现。这是关于生命的谜题。当这只鸟被孩子们注意到时，它就为他们提供了一个窗口，把他们引入一个更大的和持续进行着的系统——生命的循环——之中。生命的出生、生活和死亡一直就发生在我们周围。它们就在那里等待着我们去观察，各种植物和动物与我们共享着这个世界，我们也极其渴望探寻这其中的奥秘。

一只死去的鸟和对其身体进行检查的经历成了孩子们提出问题的强有力的诱因。人的一生都会受到死亡的影响，这仍然是生命中最大的谜团之一。孩子们对因果关系的理解会逐渐加深，这具体反映在他们提出的问题上。他们不仅清楚地知道那只鸟已经死了，而且知道一定有某种因素导致了这只鸟的死亡。他们围绕自己发现的线索大声讨论和猜测，并利用这些线索来设想和验证各种可能的情形，在这一过程中，他们会不断地完善和发展自己的理解力。

提示和讨论

孩子们问了教师很多关于他们想了解的事情的问题。什么时候回答儿童的问题可以支持他们的学习？什么时候回答儿童的问题反而会妨碍他们的学习呢？

这样的经历有着丰富的意义和情感。就像把一颗鹅卵石扔入一个寂静的池塘一样，这里所发生的事情可以被描述为一个单一事件，但它绝不是完全独立和自成一体的事件。当鹅卵石被投入池塘后，池塘中会产生一圈圈的涟漪，这些圆形的涟漪会在水面上传播很远的距离——有时还会传回来。儿童在面对死去的鸟儿那一刻的感受和想法会如同水面上的涟漪一样波及未来的岁月，会进入课程的其他领域，会在儿童的生活经历中来回穿梭。这些感受和想法将因与果、生与死、动与静、安全与危险交织在一起，只有儿童以真实的直接体验的方式才可以获得。儿童应当在支持性的环境中获得充足的机会来获得这些发现，这样的环境应当包含足够的时间与空间，以便孩子们能够充分地思考、消化和吸收自己所学到的、极具感染力的内容。

指标2：儿童在交流中表现出自己的兴趣和爱好，并且能积极地与他人互动

围巾游戏

“我有一只绿色的眼睛，还有一只普通的眼睛。”

5个孩子正在城镇的户外游戏区中玩游戏，这里有许多适合他们操作和使用的道具与工具。刚开始时，他们发明了一种游戏，用乐器和动作回应教师用户外盒式磁带播放器所播放的音乐。稍后，他们扩大了活动的范围，几个年龄小一点的孩子跑到一个箱子旁边，从中挑选了几条五颜六色的透明的围巾。海莉在头上系了一条绿色的围巾，而这条围巾刚好遮住了她的一只眼睛。在环顾四周并确认了她所看到的东西后，海莉微笑着说：“我有一只绿色的眼睛，还有一只普通的眼睛。”塔里克一直注视着海莉，对她所做的事情很感兴趣。他也想亲自试一试，想知道到底会看到什么。在自己的脸上盖上一块半透明的彩色围巾这一行为让人感到开心，就像让自己戴上了一副有色眼镜一样，一条橙色的围巾会把世界变成橙色，而一条绿色的围巾会把世界变成绿色。塔里克把围巾盖在头上，但是每次当他开始跑起来的时候，围巾就会飘走。海莉注意到了他的困难并主动提供了帮助。按照塔里克的想法，他们一起合作把围巾系在了塔里克的头上。

如同海莉和塔里克玩的围巾游戏，这一类的感官游戏既可以发生在室内，也可

以发生在户外。相对于舒适的室内空间，开放与宽广的户外空间更加有利于支持和鼓励儿童进行速度更快、幅度更大的身体运动以及发出更加响亮的声音。因此，当儿童在户外相互交流、探究考察和学习时，他们会表现出更大幅度和更加丰富的行为。一些游戏主题也更适合于户外这一宏大的背景画面。例如，当在室内环境中表现和模仿电影中那些超级英雄和坏家伙快速移动的动作时，孩子们有可能会面临更多的危险；而在户外环境中，只要披上了斗篷，孩子们就可以在共同面对假想的敌人时安全地施展他们的“超能力”并在游戏场地中“以网络般的速度”穿行。户外环境可以为儿童提供大量的选择以及充足的时间和空间来发展他们的兴趣。

在户外，儿童更容易自发地参与戏剧游戏，而室内背景下的戏剧游戏则常常会局限于某一特定的区域或特定的活动。例如，在户外，滑梯下面的空间可以变成童话故事中的城堡，灌木丛后面的一小块空地会变成马厩，而沙箱上的一把木制座椅可能会变成一列火车。借助于适当的服装、道具以及未曾预料到的事物（如落下来的叶子或者移动的影子），儿童会更加积极主动地与他人进行交流。“他们的幻想游戏……是秘密信息的主要储存库，幻想游戏是一种直观的语言，通过幻想游戏，孩子们可以表达他们的想象和逻辑，也可以表达他们的快乐和好奇，以及他们的预感和害怕之情。”（Paley，1988，p.vii）教师可以设计出良好的学习环境，这一环境中应包括丰富的、多样的、可利用的物质材料以及各类可预见的常规，以此来发展儿童的独立自主能力和沟通能力。在这样的环境中，孩子们在成人尽可能少的帮助下，直接与物质材料互动，直接与他人进行沟通和交流。

在这场与围巾的特殊互动中，孩子们能够注意到彼此的活动，能在彼此的想法的基础上继续思考，从而发展出新的游戏进程。其结果是，儿童与音乐以及其他小伙伴共同进行了一场愉快的互动。海莉和塔里克分享了一段彼此互动的经历。在一旁持续地观看后，塔里克对海莉的围巾游戏感到兴奋与好奇，与此同时，海莉也注意到了塔里克努力地想要加入她正在做的事情。由于教师没有介入他们解决问题的过程，因此为两个儿童靠自己的理解力来行动提供了机会与可能。每个人都能根据自己的理解采取行动的根本原因就是教师没有卷入问题解决中。两个儿童都展现出了主动性：海莉主动帮助塔里克，塔里克接受了海莉的帮助。这一互动证明了两个重要的事实，即：互动不仅能够增强两个儿童之间的关系，而且会使他们建立依靠自己的能力来解决所面临的问题的意识和信心。

拉拉链

“我自己拉不起来，你能帮帮我吗？”

这是一个寒冷的日子，孩子们从学校后门廊的挂钩上拿起夹克和帽子，准备出去玩。

玛迪逊很快就把手伸进夹克，并拉上了拉链。然后，她转过身，注意到了杰拉。尽管杰拉也穿上了夹克，但她在寒风中很难把两边的拉链拉起来。玛迪逊十分自信地向杰拉提供了帮助，她花了几分钟的时间尝试把拉链底端的链牙塞入拉头中。由于无法让这个棘手的拉链顺利地拉起来，因此她转身向一个成人寻求帮助。

“我拉不起来。你能帮帮我吗？”玛迪逊问道。玛迪逊看着这个成人把拉链的两边紧紧地靠在一起，然后让杰拉自己把拉链拉起来了，玛迪逊补充道：“我可以拉起自己的拉链，但是我还没法帮别人这样做。”

户外给孩子们带来的挑战不同于室内的挑战，室内的许多情景往往更具有可预测性，而且更加稳定。而户外活动的一个显著特点是，孩子们必须根据天气的变化穿不同的衣服。许多学习机会蕴藏于各种复杂的动作，例如穿鞋、穿靴子、穿夹克、戴连指手套、戴分指手套和戴帽子等，儿童需要反复练习这些动作，需要不断地提升精细动作的水平。大多数的早期儿童教育模式都倾向于主张儿童应日益增强自身的独立自主能力，如能够根据不同的天气穿不同的衣服。教师有时候认为管理服装

> **提示和讨论**
>
> 一个设计良好的户外空间可以很好地支持儿童发展自身的独立性，这一户外空间也可以为教师创造更多的机会，让教师有时间倾听和观察儿童，了解他们与材料以及与同伴的互动情况。如果你有这样一段时间去真正地倾听和观察儿童，那么你会了解到儿童的哪些方面呢？

是一项繁重的挑战，因为有很多孩子同时需要教师的帮助。尽管如此，在户外背景下，穿衣服对孩子们来说仍是一个发展自身的独立性和在现实世界中有目的地互相帮助的宝贵机会。通过观察周围拥挤和喧闹的情况，孩子们会发现和意识到，如果他们等待大人的帮助，那么他们需要花费更长的时间才能出门。这会促使他们尝试自己把衣服穿好，这样他们就能以更快的速度来到户外。

大多数儿童对同伴有一种天然的兴趣，他们希望与他人进行沟通与互动。他们的互动源自共同的需求、兴趣、经验和理解。玛迪逊从杰拉面临的困境中更加清楚地认识了自己。几个月前，她也需要别人帮她拉拉链。现在，她已经可以自己拉拉链了。她渴望通过帮助他人来证明、展示和分享她的新能力。虽然一开始这两个女孩没有在一起玩，但在看到杰拉受挫后，玛迪逊立即做出了回应。虽然她还不能完全成功地完成这项任务，但从玛迪逊的陈述中可以清楚地看出，她已经为自己设定了目标，而且正在努力地靠近它。一个允许孩子们设定这样的目标并让他们有机会按照自己的节奏在一个连续的过程中发展自身技能的环境，会有力地支持真正的学习。这一环境可以支持像玛迪逊这样主动的孩子，这些儿童是积极的自我启动者，会在成为独立的学习者的过程中展现出主动性和责任感。

指标3：儿童对这个世界充满好奇，并乐于接受新的经验

鸡

“也许它在下蛋！”阿比说，“看，它坐下来了！”她边说边把身体转向了鸡，说：“你能下一个蛋吗？”阿比看了看站在附近的卡尔，然后继续说：“看，它可能会下蛋！真是一个好男孩！”

卡尔看了一眼阿比，快速地接了一句话“你应该说‘真是一个好女孩！’”。

阿比是一个非常幸运的孩子，学校里恰好有一个小型农场，她在自己的学校里就能观察到许多农场动物。有一天，当她在给那些大摇大摆地在小农场院子里走来走去的鸡喂食时，她注意到一只母鸡正独自安静地坐在稻草上。她走过去，想近距离地查看那只鸡，并花了几分钟站在那里静静地观察。当卡尔加入后，阿比就与卡尔分享了自己的猜测和推论，她认为这只鸡之所以会安静地坐在稻草上是因为它正在下蛋。然后她把头歪向一边，试图看看鸡的下面以证实自己的想法。但是她看不见鸡下面有什么，于是她就直接对鸡说："你能下一个蛋吗？"然后，她转向卡尔，分享了"这只鸡可能正在下蛋"的想法。当阿比称这只鸡是个男孩时，卡尔温柔地纠正了她，并把他关于鸡的知识增加到他们正在分享和不断丰富的信息池中。

儿童会对动物及其行为十分着迷，但是如今越来越多的儿童缺乏关于植物、动物以及食物来源的基本知识。早期儿童项目可以帮助弥补这一缺失，该项目会让儿童照料庭院、照顾动物，并且在户外度过没有预设脚本的时光，体验和感受生活的自然节奏。早期儿童项目在设计户外空间方面提供了一个独特的机会，那就是可以让儿童、家庭与自然世界重新联系起来，让他们每天都拥有观察自然世界的发展进程的机会。例如，许多儿童通过媒体和参观动物园、农场或公园来认识野生动物和农场动物，在这种情况下，他们对这些动物的生活和各种需求的理解其实是肤浅的和一知半解的。在丰富的户外环境中，儿童可以用真实的泥土进行挖掘，比较不同的叶子，注意到周围的蝴蝶、鸟类和昆虫并且了解它们的名字，孩子们能对生命周期中的许多事物进行观察、思考和探索。这样的环境可以鼓励儿童保持好奇心，孩子们可以提出问题，做各种实验并反复检查，随着时间的推移不断地拓展他们的想法和理解能力。

在这个故事中，阿比对鸡的行为有所思考。特别重要的是，她对“这只鸡当时可能正在做什么”有自己的想法。她试图通过各种方法验证自己的想法：观察鸡，试图看到鸡的下面以及直接问鸡正在做什么。阿比还与卡尔分享了她的建议，并邀请他一起参与这一让她感到兴奋的活动。阿比仔细地看着鸡的各种微小动作，她注意到风吹拂着鸡身上的羽毛，就像风会把她的头发吹凌乱一样。这真是一次奇妙的经历。她观察了几分钟，想知道那里是否真的有一个鸡蛋，随后继续参加别的活动。尽管阿比的问题没有得到解答，但是在提问和探索的过程中，她也在重新建构和丰富关于生命的知识。

藤蔓的奥秘

阿德里安的脸上流露出一种迷惑不解的神情，他在想：“这是怎么回事？”

一开始阿德里安和朋友在一起跑步，稍后他离开了跑步的队伍，来到无刺的爬藤玫瑰架下坐了下来，这里处于其他儿童活动的边缘。在他坐着的时候，

他的两只手拽住面前两根较粗的藤蔓。当左手中的藤蔓突然断开时，他被吓了一大跳，而此时他的另一只手还牢牢地抓着藤蔓。他一边抬头凝视头顶上方缠绕着的藤蔓，一边用手来回触摸着手中的藤蔓。慢慢地，他的目光顺着枝干回到地面，回到藤蔓断开的地方。

从表面上看，这并不是一个大自然中富有戏剧性的故事。然而，这个故事值得我们细细品味。这是一个美丽的例子，它向我们展示了儿童在户外获得的一些简单而又完全出乎意料的经历。这种经历不仅会帮助他们认识到事物的多种样态，也会帮助他们更深入地理解整个环境系统。通过每天在户外以健康的方式度过大量时间，孩子们可以与户外空间的元素建立亲密的关系。随着时间的推移，他们会对当前的环境以及环境的运作方式产生更加深刻的理解。他们会注意到季节的更替，注意和感受到生活中各种事物的变化。作为经历的一部分，他们自然会对那些正在发生的事情寻求合理的解释，并试着预测下一步会发生什么。户外活动让孩子们有机会通过亲身体验来注意和学习一些重要概念，如重力、降雨、河流的侵蚀、动植物的适应、季节变化和天气系统等。户外活动为教师和儿童提供了一本生动的关于科学发现的教科书。

提示和讨论

想一想，你在户外的感受和态度会如何支持或阻碍儿童探索能力的发展呢？

阿德里安所经历的是一件完全超出自己预料的事情。惊奇、困惑、变化和不协调可以激励儿童，因为他们会十分好奇地想知道他们所期望的体验和他们正在经历的体验之间的差异（Kagan，2002）。当阿德里安拽住这两根藤蔓的时候就知道它们是不同的。他左手握着的藤蔓并没有按他预期的那样停留在自己的手中，它与右手中的藤蔓全然不同，而右手中的藤蔓稳定而牢固。这让他感到十分疑惑。阿德里安开始四处寻找线索，他想知道，为什么这两根藤蔓不一样。一开始，他抬头四处探寻，想看一看藤蔓是否与头顶的枝条相连在一起。当看到情况确实如此时，他便通过来回拽动藤蔓来验证自己的想法。他沿着茎寻找藤蔓的生长路径，最后他的目光落在茎上一处明显的切口处，正是这个切口使得这根藤蔓和它的根分离。他推了几下，又扭动了几下枝条，以此来确认这根藤蔓的确不再和它的根连在一起了。正是基于对乔木和灌木正常生长模式的认知经验，阿德里安将此种枝条的松散状态视为一种异常情况，进而对此产生好奇心。通过提出问题、提出假设和进行验证，阿德里安已经能够将这种情况与他遇到的其他情况进行比较，并能结合环境来探寻这一问题的答案。像这样的发现经常在户外发生，安静而没有交谈的声音，是儿童与环境之间亲密且持续对话的一个结果。

指标4：儿童会通过各种感官来探索这个世界，并亲身体验从问题到答案的过程

甜叶菊

“我最喜欢甜叶菊了，因为它很甜。……它就长在这里的某个地方。”

秋天来了。天气寒冷，这所学校的“请来品尝我”花园里那些原本郁郁葱葱的绿色植物已不再那么繁茂了。迈克尔想要向一名参观者展示和介绍他最喜欢的植物——甜叶菊，于是他走向一个种植箱（他知道甜叶菊就生长在这里）并开始寻找甜叶菊。他一边弯下腰，一边仔细查看生长在种植箱里的各种植物的叶子。他通过触摸每一株植物，感受每种叶子的质感。除此之外，他还俯身去闻一些植物的气味以帮助他辨认。最后，他终于确定了一株植物，他摘下一片叶子并试探性地咬了一下叶子的尖端。他想了一会儿，然后大声说：“不对，这不是甜叶菊！”

在西方文化中，人们往往倾向于通过观察和倾听来收集和交流信息。然而，这会限制人们的感官体验，也会限制人们处理和理解问题的具体变化的能力。中国古代有句谚语："不闻不若闻之，闻之不若见之，见之不若知之，知之不若行之，学至于行之而止矣①。"然而，在现实中的很多情况下，儿童没有机会亲身体验或者调动感官来参与活动。这些做法剥夺了儿童获得完整的经验的机会，而完整的经验对儿童的学习和成长来说极为重要。婴儿期后，在探索世界和收集信息的过程中，儿童依然需要通过动作和感官（如闻气味、尝味道、用手触摸）进行学习，而这种学习方法的重要价值往往被人们忽视。

成人必须关注和确保儿童的安全，他们也必须同样关注儿童的学习，这必然涉及一些风险。由于移动、品尝和触摸是自然而然的行为和基本的学习手段，因此孩子们总是利用这些方式与世界互动。教师需要预见到这一点，为此制订计划，帮助儿童制定策略，做到既确保儿童的安全又能让儿童使用这些重要的学习方式。在你的指导下，随着时间的推移，儿童可以就如何确保自己的安全做出清晰的判断，并在向世界展现好奇和主动的过程中不断提升自己的能力和独立自主的水平。帮助儿童学习如何更安全地使用自身感官的方法就是要为他们提供机会，让他们在一个更为安全与可控的环境中练习这类行为，而迈克尔所在的学校的花园就是一个十分安全与可控的良好环境。

迈克尔对"请来品尝我"花园里那个自己十分喜欢的植物有着清晰的记忆。在上一个季节中，他参与了种植箱的准备工作，并和大家一起照料植物，他对不同植物的气味、触摸感觉、生长样态和味道等有了许多新的认识和发现。在这个故事中，他又来到了花园，现在这个花园的地面已经变得干燥并结满了冰霜，上面堆积着树枝、茎和叶子——这是一堆看起来没有明显区别的介于棕色与灰色的物质。当花园里的植物进入休眠期后，大多数成人会远离这里，等待下一个生长季节的来临。然而，迈克尔对此有着不同的反应。他对仍在生长的生物表现出强烈的好奇心，并愿意主动探索各种变化着的景象。他积极地寻找甜叶菊，对于眼前的变化似乎并不感到吃惊。他全力关注他能找到的叶子，并运用自己的技能梳理出主要的线索，而这

① 引自《荀子·儒效》，其大意为：没有听到不如听到，听到不如见到，见到不如知道，知道不如去实践，学习的终点是实践，实践了，就明白了。这句话抓住了一个事实：最好的学习方法就是把自己的全部身心和所有的感官都投入学习之中。——译者注

些线索很可能会被那些缺少主动和进取精神的调查者忽略。如果迈克尔仅仅依靠视觉和听觉，那么他就无法在众多的植物中高度精确地辨别和区分。借助于更加宽泛的感官探索——这其中包括触摸觉，甚至包括味觉——迈克尔终于可以得出一个准确的结论并且可以找到他一直在寻觅的甜叶菊。

关于剃须膏的研究

“我正在做巧克力！”特雷尔对一个玩伴说，“我需要更多的剃须膏。我需要搅拌一下。”

特雷尔此时正坐在学校的户外玩水桌旁，这是一个十分有吸引力的地方，在这里他可以使用画笔、勺子、搅拌盆、手动搅拌机、打蛋器、茶壶、水桶、碗、

画架和几个不同的工作台面。一开始，他在一个塑料碗里放了一点颜料。当他把一些剃须膏加进去以增加液体的浓度时，他兴奋地发现，这些颜料的质地发生了变化。他又添加了更多颜料，并加入了更多剃须膏，就这样交替着进行添加，同时用一个长长的搅拌棒进行搅拌。迈克尔使用了所有颜色的颜料，并继续添加剃须膏，直到他把罐子里所有的剃须膏都用完了。

通常来说，与室内环境相比，户外环境往往会让儿童产生更深刻的感官体验。它提供了一个没有压力的、广阔的学习空间，在这样一个空间中，探索性和试验性的活动会得到更好的支持，而且在这一空间中清理和打扫工作会更加容易。对儿童来说，这是一个极为美好的地方，他们可以调动各种感官，可以充分地使用那些看起来有些凌乱但具有潜在价值的材料进行各种各样的探索和实验。他们可以闻到颜料和剃须膏的气味，听到泥土和黏土的挤压声，在用颜料进行绘画时感受桌子的温度和光滑程度。当不小心把颜料洒出来不被视作一个错误时，当教师不再把工作和各类活动限定在一个狭小的场所开展时，儿童就会极大地扩展游戏的范围，整合一系列的材料，包括：松果、树枝、沙子、树叶和泥土等自然物。当颜料与泥土、沙子或冰块混合在一起时，这一新的组合会给孩子们带来新的感官发现和体验。想象一下，在凹凸不平的松果表面或在光滑的风干的树枝上画画会带来什么感觉。不同的物质材料能给人们带来不同的感受和反应。通过这样的体验，孩子们对于物品的质地、颜色和形状就会有深入的学习和认识，而这样一种学习出乎人们的意料，是没有剧本的，是无须特意准备的。

特雷尔主动发起和开展了一些小型实验。他沉浸在搅拌、混合和不断添加的过程中，运用自己的感官进行试验、探索和发现，他想知道，当加入了更多的剃须膏

提示和讨论

户外哪些特殊的元素或品质会激励儿童运用所有感官进行调查和探索呢?

后，颜料的质地会有什么变化；当加入了更多的颜料后，液体会呈现怎样的形态。这些都不是教师预先设计的实验，而是他根据教师提供的材料自己想出来的新探索。丰富的材料和工具可以支持他尝试和操作不同的物品，并专注地参与到活动的过程中，而不是只关注结果或者最后做出了什么。特雷尔提出了自己的问题，同时尝试着寻找自己的答案。儿童天生就具有好奇心，这使得他们能够成为天生的科学家。当儿童拥有了丰富的环境和探索的自由之后，他们可以用复杂的方式使用不同的材料，不断地提出和回答自己的问题。

指标5：儿童能创造出新项目并在参与的过程中越来越独立

关于冰的工程

玛迪逊很困惑。她似乎在想："为什么我不能把这片叶子拿出来呢？"

玛迪逊的一天从早上和教师一起翻堆肥桶开始。他们一起在桶的上面发现了一盘冰，这些冰已经冻了一整夜，冰里面还有几片棕色的叶子。玛迪逊捡起冰块，带着她的宝贝跑到附近的黏土桌旁，试图从这块冰冻物中取出一片叶子。当她工作时，她注意到了桌子上的黏土，于是一个计划开始形成，她打算把叶子拓印在黏土上。一旦在头脑中有了这个计划，对她来说，从冰块中取出一整片叶子就变得更加重要了，尽管做这件事情很有难度。

在尝试了几次后，玛迪逊开始到别处寻找树叶。她检查了供小鸟洗澡的水盆，想看一看那里的水是否也在一夜之间结冰了。当她到达后，她确实发现了一盘冰块，但是这块冰里面并没有树叶。当她回到黏土桌时，已经过了足够的时间，冰已经开始融化了，于是她顺利地取出一片长长的栎树的树叶。玛迪逊

把这片叶子铺在光滑的黏土上，借助绿色的滚筒在黏土表面拓印。随后，她把叶子拿掉，检查自己的作品。感到满意后，她在黏土表面喷洒了一些水，抹去了上面的图案，准备再进行一次拓印。

户外环境中充满了自发学习和发现的绝佳机会，不需要教师直接规划。在这个故事中，前一天的雨水加上彻夜的寒冷空气，使游戏场地发生了许多不同的、令人兴奋和惊叹的变化。雨水和树叶在堆肥桶里冻结成一个复杂的混合体，小鸟洗澡盆里的水冻结成一个令人惊叹的有裂缝的圆盘，一些雨水残留在翻倒的桶的凹形顶部，现在也冻成了坚果状的冰块，而且其上面还粘了少许桶上的红色油漆。每一个短暂存在的物体都蕴藏着一个关于它是如何形成的故事，为儿童的探索和研究提供了令人兴奋的新材料。教师能够充分重视这些意想不到的结冰物品所蕴藏的巨大潜力，并大力支持儿童实现其探究愿望。他们分享孩子们的兴奋，也会引导孩子们用这些冰块做那些他们喜欢的事情。像这样没有剧本的时刻正是户外环境的典型标志。结合巧妙的教学，这样的事件可以让孩子们发明和生成自己的探索项目，让他们遵循自己的兴趣并获得自己的新发现。

玛迪逊产生了很好的想法，她能通过多次不同的试验来实现自己的想法。首先，她找到了冰。她对冻在冰里的叶子产生了兴趣，并决定尝试把它们取出来。在做这件事的时候，她注意到了黏土，并稍后把黏土作为一种材料帮助自己探索树叶的性质。当她无法取出一整片完好无损的叶子时，她离开了桌子，去寻找更多的冰块，也许她想到可能会在别的地方找到叶子。她关于“小鸟洗澡的水盆里也许有冰块”的猜想被证明是正确的，但她的实际调查表明，冰块里并没有叶子。她毫不气馁地回到桌旁，打算对原来的冰块再试一次。这时候，原来的那块冰恰好开始融化了，这使她可以从中抽出一片叶子并继续完成计划中的项目。

这个复杂的序列中包含着很多小的部分，每一部分都需要她运用不同的技能和材料。玛迪逊能够在游戏场的物理空间里实践自己的想法，把堆肥桶上的冰块和小鸟洗澡盆中的冰块移到工作台上。因为结构化的学校环境可以有力地支持儿童的努力和兴趣，所以玛迪逊能够发起一系列活动来探索她的问题。在所有支持她工作的物品中的一个关键物就是项目工作台，这个工作台面上放着各种开放性材料与工具。正因为项目空间是现成的和方便的，所以当孩子们探索自己的想法和致力于自己的项目工作时，他们完全能够通过各种创造性的方式独立地享用这个项目空间。

关于水的工程

“我们可以用它来做一面旗帜。”

基里很兴奋。她在游戏场地上发现了一根树枝，她想把它插在沙地上以作为一面旗帜。当她开始这样做时，她惊呼起来：“它让我想到一个好点子！”她转向塔里克说：“等一下，我马上就回来。”稍后，她拿着铲子回来了，并请塔里克在她铲沙子的时候用手握住树枝。当塔里克婉拒后，基里独自进行了尝试。她用一只手握住树枝，用另一只手铲沙子，然后骄傲地宣布：“我种下了这棵树！”在朋友的帮助下，基里打开水管，开始给她的新“树”浇水。

当水流缓缓地向他们流淌过来的时候，基里喊着：“挖，挖，挖，挖——水流正在穿过它，正越过我的鞋子。”她用手抓住树枝，然后迅速地把它移植到沙地尽头的一个新地方。在那里，她和许多新朋友一起把它种在一个高高的土堆上。看着水流越来越近，其中一个儿童说：“水位会越来越高，那棵树会被冲

倒。”一个男孩指出：“水来了！它越来越近了！我们需要用石头挡住水！”于是，这群人开始收集石块阻挡迎面而来的水。

基里接着宣布：“我们应该为这些水挖一些洞！”于是，整个团队开始在“树”的周围挖洞开沟以便把水流引过来。“我们应该挖很深的洞！这样就能把水引到洞里！”这时，基里离开了队伍，走向自己的小房间，

很快又回来了，她说：“看，我穿上了长靴子，这样我就可以踩进去了。我喜欢把自己弄湿！”于是，基里踩进水里，移动石块和圆木，并将沟渠网延伸到树的四周，而此时那棵“树”仍然安全地树立在沙堆上。

户外为孩子们提供了一块促进想象力发展的具有丰富内容的画布，在这里，材料和发现引发了项目故事，许多孩子都可以加入项目并为项目故事的发展做出自己的贡献。儿童自己创建的很多项目会在几天内逐步展开以回应新的元素和不同儿童的想法。前面这个特别的故事从一根树枝开始，但到了最后，孩子们创造出了一个完整的世界，在这个世界里，树枝转变成一棵雄伟的树，生长在汹涌的河流中心的一个受保护的山丘上。在他们的微型世界里，孩子们正在复制河岸的侵蚀现象。就像在一个峡谷里，侵蚀会把一棵树冲走一样，沙地里的水也可以冲走沙子，会把孩子们种植在上面的树冲倒。这类项目能让孩子们在与自然材料的互动过程中进行物理科学的学习，而这种学习恰好在儿童当前所能理解和应用的范围内。

基里的项目源自一个小的想法和一个小的行动。在种植树枝的过程中，她的想法会随着环境背景的扩展而发展，成为更大剧情的一部分。水和与水有关的活动成了展开的故事中的主要角色。随着越来越多的儿童参与进来并积极地应对水的活动状态，他们围绕如何保护这棵树分享了彼此的想法，这样一来，游戏也变得越来越复杂。关于河岸上那棵树的幻想很快就被真实的遭遇和困境取代，孩子们试图控制水流。正因为他们遇到一个现实世界中需要解决的问题，而这个问题的解决有着明显的规则和限制因素，孩子们被激励产生新的想法并设计出他们自己能够尝试的解决方案。自然世界总是能持续不断地为孩子们提供各种各样的材料和工具来支持他们解决所面临的问题。这就可以让教师专心地观察儿童的行为，倾听他们的语言，评估他们的理解，而不是管控他们的游戏。

提示和讨论

孩子们可以发展并完成自己设计的项目，孩子们也可以完成教师设计好的项目，那么，这两种学习项目之间有什么不同呢？

进一步反思

应用好奇心和主动性的标准会如何影响你的户外教学?

虽然这些故事只提供了关于户外活动如何激发孩子们的好奇心和主动性的一小部分例子，但它们向我们描绘和展示了渗透于户外活动中的兴奋感和创造力。在户外探索过程中，孩子们的活动时间是非结构化的，材料也是开放的。在每一个故事中，孩子们都深深地被他们接触到的真实材料吸引，并有机会阐述和回答自己的问题。如果你能够花时间密切关注儿童的思维方式并反思儿童在户外实际的行为，那么，你就会发现，孩子们对世界的理解在一些时候与我们成人的理解是不同的。而事实就是如此。孩子们正在逐渐形成他们对世界的理解。为了充分发展这种理解力，孩子们需要拥有充足的时间和大量不同的遭遇，能够按照自己的想法自由地进行探索。通过提供一个包含探究问题的环境，你可以鼓励和支持儿童健康地发展自身的好奇心和主动性。随着时间的推移，这些倾向会变成思维习惯和长期的学习态度，而这些都将有助于儿童获得成功。

最重要的事情就是不要停止提问。

——阿尔伯特·爱因斯坦（Albert Einstein）

第三章

参与和坚持的标准

“参与”（engagement）这个词既有“联系”的意思，也包含“承诺”之意。例如，当一对夫妇订了婚，这就意味着他们之间形成了深厚的联系，会彼此关注，并渴望维持和不断滋养这种联系。同样，当孩子们真正参与到一个想法的实现、一种材料的探索、一项活动或同伴的活动过程中时，他们就会表现出专注并积极地培养这种联系。这种“持续专注地做某一件事”的想法就是一种坚持。当孩子们对他们正在做的事情表现出关心和在意时，他们自然就会坚持下去，并愿意克服与之相关的各种干扰、困难、挫折和挑战。

户外能够很好地支持这项标准，因为自然世界就是一个由联系定义的地方。每种事物都会与其他事物产生关联。孩子们喜欢待在户外，在那里，他们能感受到一切事物都会自然地相互联系：植物、动物、云、水、岩石……马利筋开花时，黑脉金斑蝶就会出现；秋季天气转凉时，鸟儿就往南飞；下雨时，水坑里就会积起雨水。户外可以轻松地向儿童展现丰富的景象并邀请他们加入，而孩子们只需要选择自己想要参与其中的具体方式。

概述

为什么参与和坚持的标准对于儿童的健康发展十分重要？

孩子们是积极的和具体的学习者。他们在亲身体验和实际动手操作的情形下学习的效果最好，在这样的背景下，他们可以开展调查研究、提出问题并设计出可能的解决方案。当孩子们与世界进行互动时，他们展现出的参与和坚持是极为自然的，其前提是周围的环境应当鼓励和支持他们的行为。婴儿从很早的时候就开始注意到周围物体的运动，并尝试跟踪物体的运动，环境从一开始就吸引了他们的注意力。随着年龄的增长，环境持续地吸引着儿童，尤其处于适宜的环境和背景下，在这样的环境中，儿童拥有可供探究的开放性材料，能够在连续的和不受干扰的一长段时间内按自己的想法去做事，享有自己下决心和做选择的机会。当然，他们也需要成人关注和观察他们的行为，提出恰当的问题，提供所需要的材料以及对他们正在探究的问题感兴趣，从而支持他们的参与。在户外背景下，这种指导较少但参与更多的教育者的角色更有效，因为孩子们在如何参与和参与哪些活动方面拥有非常丰富的选择机会与可能。

参与和坚持是相互促进的，儿童需要得到鼓励和支持才能将此转化为一种终身的习惯。一旦儿童打算为参与某事做准备时，坚持就会开始展现出来。例如，那些正在用积木设计和建造桥梁的儿童可能会在未来几天中持续地进行搭建项目，他们会尝试新的设计，寻找形状合适的积木来实现他们的想法。他们可能会与其他桥梁搭建者一起进行复杂的协商和交易，以便让他们把想法变为现实。当遇到困难时，孩子们不会放弃，他们会更加深入地去探索，更加努力地去尝试，并创造新的办法来解决自己面临的问题。他们可能会尝试寻找其他的解决方案，或者向朋友或成人寻求帮助。坚持的好处之一是增加了语言发展的动力——因为孩子们在活动过程中不得不与他人进行交流，而交流的主题就是他们现在需要什么以及他们是怎样构想的，他们愿意为自己正在发现的事物寻找合适的词语。孩子们的参与和坚持是相辅相成的。从小练习这些行为可以确保孩子们在未来的生活中养成学习的习惯和态度。

与实践相关的思考

各个州和国家级的早期儿童组织是如何对参与和坚持的品质进行分类的呢?

除了好奇心，坚持是各个州最常提及的一项早期学习标准。它经常被单独列出，但也常常与另一项标准同时列出，这个词就是“参与”。“参与”一词很少被单独列出。在许多州看来，“坚持”一词完全可以代替“参与”一词。一些教师也持有同样的观点，他们认为坚持自然包含参与。这是可以理解的，因为这两者紧密相连。然而，把它们区分开还是有好处的，这样一来，我们可以进一步看清楚它们各自对儿童发展所具有的独特贡献，而且可以进一步看清它们两者之间的关系。关注参与会帮助教师聚焦于环境对单个儿童产生的影响，即哪些材料、活动和项目吸引了儿童并激发了他们的兴趣。这将有助于教师以适当的方式来规划和建构良好的环境，从而能够更好地回应和支持儿童的需要。

坚持是参与的自然结果，它提供了一种方式来让我们知道一个儿童是如何专注于学习并对特定的项目或想法产生持续兴趣的。当儿童能够长时间地做一件事情并能在工作中增添更新和更复杂的想法、克服障碍、在挫折中继续工作以及管理好自己的状态时，坚持的品质就会得到人们的认可。对教师来说，坚持是一项很难应对的发展标准。在孩子们的身上是不可能凭空创造出坚持的。但是，你可以通过提供适宜的参与环境来为儿童搭建坚持的平台。儿童一旦参与了自己喜欢的活动，就想继续做他们正在做的事情——简而言之，就会坚持下去。

对标准的应用

哪些可观察到的行为或指标可以用来判断儿童是否达到了参与和坚持的标准?

参与和坚持标准的核心是呼吁教师真正地关注环境。教师要为学习环境提供各种各样的材料和活动，让孩子们有机会做出选择并追求各种兴趣。教师如果为儿童提供包含丰富的材料和活动的学习环境，那么就可以让儿童拥有做出选择和追求一系列兴趣的机会。有着丰富的材料、不同类别活动的环境也可以为儿童的兴趣发展提供必要的起点。当儿童看到了这样的多样性并拥有调查研究和全面参与活动所需的工具和时间后，他们就会成为良好的参与者。儿童的参与可以不断地支持和激励他们追求挑战、克服障碍，并能够让他们直面各种挫折和干扰而执着地坚持下去。通过这种方式，他们发展了专注、坚持和扩展项目的能力。户外环境是吸引孩子们的理想场所。户外环境有着丰富的变化，这些变化可以吸引儿童并激发他们参与调查研究的兴趣，可以向儿童展现有待解开的谜题，同时提供一系列热闹的和安静的活动让儿童参与。大量地增加来自自然世界的各种机会能够帮助我们创造一个适宜的环境，这一环境会不断地召唤每一个儿童发展自身的兴趣和爱好。

在与坚持和参与相关的各个州的标准中，一些用来描述行为的短语包括：“持续关注”“有目的地计划”“以扩展经验的方式使用工具”“克服挑战和各种障碍的能力”。在综合考察各个州的标准之后，这些可观察到的行为被我们纳入了关于参与和坚持的指标列表中。

针对3—5岁的儿童，综合参考各个州的标准，我们概括出5条行为指标：

1. 儿童能够专注于各种适合其年龄的任务、活动和项目，并能抵抗各种干扰；
2. 儿童能够追求和应对越来越复杂的任务、项目和活动，愿意持续工作几个小时或几天；
3. 儿童能不断地尝试以完成一项艰巨的任务，保持注意力并可以克服与任务相随的挫折、失望、困难和障碍；
4. 儿童会有目的地选择感兴趣的活动和互动项目，制订计划，并能够越来越独立地执行计划；
5. 儿童在需要时会寻求并接受来自同伴和成人的帮助、信息、工具和材料。

体验参与和坚持的户外指标

指标1：儿童能够专注于各种适合其年龄的任务、活动和项目，并能抵抗各种干扰

做益智拼图的女孩

艾玛一直在玩拼图游戏，她对每一块拼图进行尝试，看是否合适。“这块拼图放在这儿吗？”她再三思量。

这是一个温暖的夏日。教师决定在户外组织一些不同的活动，涉及乐器、图书、配有记号笔的图表纸和拼图等材料。艾玛直接走到拼图桌旁，找了个座位，开始玩具有挑战性的火车拼图游戏。杰拉尼在音乐区停下来，然后走近艾玛。她看了一会儿艾玛的工作。艾玛微笑着抬起头看了一眼杰拉尼，于是，杰拉尼也坐在了艾玛的旁边，拿起了几块拼图。这两个能力不同的女孩以并行的方式一起工作了一段时间，其中一个人能较好地把这些拼图组合在一起，另一个人很乐意参与活动，但很难找到适当的拼图部件。每个人都专注于自己的工作。艾玛脸上流露出成功的喜悦。她工作稳定且充满自信，不会因杰拉尼的方法不同和技能水平较低而受其影响。当第三个幼儿来到桌子旁边并动手玩同样

的拼图游戏时，艾玛和他打了个招呼，邀请他一起参与到正在进行的工作中，由此可见，在新的打扰下，艾玛依然能够表现出高度的专注。

许多教师发现，如果在户外环境下开展活动，那么那些通常不选择某些室内活动的儿童更有可能尝试参与此类活动。在户外，孩子们有机会从远处观察活动，能够用更短的时间在活动中进进出出，而且可以在他们感到沮丧时较容易地离开这个活动。这是因为，户外环境是一个整体，包含许多内容，儿童不需要以非常正式的方式加入活动，而能够以部分参与的方式介入活动。离开了某个活动“中心”，儿童依然可以和大家共享阳光和树荫，依然可以与其他人一起感受微风，一起看看云彩。自然世界提供了一个拥抱儿童的环境。其结果就是，孩子们在户外感受到的压力通常小于室内。户外通常有着更大的空间，在户外时人们的声音不会那么集中和响亮，因此不用担心儿童会分散注意力。在户外，儿童还会拥有更多自由移动的可能，同时常常会有一些意想不到的新发现。

杰拉尼和艾玛以两种截然不同的方式处理同一个难题，他们都在按照自己的发展水平来应对这项任务。杰拉尼在探索这些拼图组件的过程中，用手触摸它们，观察它们的形状，通过把一个放在另一个上面的方法来进行比较，看看它们是否匹配。

而一旁的艾玛则能在更复杂的层面上进行工作，并且可以成功地组装拼图的各个部分，能通过视觉成功地识别出适当的部件。尽管他们在参与的方式和水平上具有差异，但是，每一个儿童都能极其专注地进行自己的探索，不会因别人的活动而分散注意力。也许是因为处在户外，这两个儿童能够以一种舒服和开放的方式与姿态来进行这项活动。孩子们似乎更加愿意以不那么传统的方式来使用材料。相对于室内，在户外背景下，他们更加愿意参与具有冒险性的学习活动。这可能是因为在此种情形下，成人和其他儿童较少关注和监督他们，他们承受的压力会小一些。研究还表明，户外自然环境的多感官特性实际上也有助于儿童发展自身的专注力（Taylor，Kuo & Sullivan，2001）。

不管出于什么原因，孩子们在户外时都会更加愿意把尝试新事物的想法转化为积极的参与行为。当孩子们真正参与进来之后，他们会越来越多地选择再次回到自己的想法和材料中，在更深层次上进行操作，并克服由于材料的原因而造成的一些困难。这种有目的的承诺和投入就是一种坚持，有目的的承诺和投入一项活动会让儿童持续地做一件事，使他们将其发展为一种习惯，进而迁移和转换到其他方面的学习中，无论这种学习发生在室内还是户外。

松鼠的储藏地

“它们穿袜子吗？”

威廉所在的小组和几名家长正在当地的一个自然中心进行实地考察。这次访问的目的是调查不同的动物如何在冬季找到食物和住所并设法使自己保持温暖。威廉大声地提出自己的问题，即松鼠是否会穿上袜子来给自己保暖。其他孩子也在小组讨论中分享他们的想法，这些想法反映出他们有着不同的理解水平。在这之后，家长和孩子们就收拾好行囊，直接到外面的雪地里徒步行走，希望寻找到生活于冰冻环境中的动物的证据。

自然中心的环境教育专家带领小组一路前行，同时引导每个人关注沿途小径上特别的物体以及周围的环境状况。威廉看到一棵小的藤蔓从雪地里伸了出来，于是他停下脚步进行调查。他弯下腰，用戴手套的手抓住它。他把雪刮到一边后，在地上发现了一个松果。他跪下来，继续往下挖，找到了一大堆松果、坚果壳、树枝和种子。威廉有条不紊地工作着，终于让一个直径为30厘米的区域暴露出来。当教师和他妈妈一起喊他的名字并要他重新回到集体中时，他还在低着头进行自己的工作。

户外充满了各式各样精妙和丰富的秘密，这些秘密都有待儿童去揭示和发现。正因为自然世界是一个包含真实的关系和意义的完整系统，所以儿童完全可以依靠自己的力量发现和学习到很多知识。成人如果不仔细地观察儿童，那么就很有可能会忽略儿童在调查周边的环境时的那些重要想法和精彩时刻。对孩子们来说，诸如威廉所发现的松鼠在冬季的储藏地、春季的鸟巢、青蛙的卵、秋季的橡子或夏季飞来的蝴蝶等各种神奇的发现都是吸引他们进入自然世界工作的十分有效的入口和通道。意识到环境在儿童学习中的强大作用十分重要。当儿童被允许提出自己的问题并自己寻找答案时，他们就会积极地投入学习，并坚持不懈地寻找答案。你可以通过敏锐地观察和关注孩子们的活动及兴趣，来支持和扩展他们与环境之间的美妙互动。

关于冬季动物的室内讨论为孩子们设置了活动的背景，这一讨论也进一步激发了他们对动物如何在冬季保暖这一具体问题的兴趣。其结果就是，孩子们穿上外套，兴奋地走到户外寻找动物的踪迹并开始了解动物在冬季的活动。威廉这种专注的探究行为正是教师所鼓励的。他以一个3岁孩子的视角来审视周围的环境，寻找动物活动的线索。当他无意中发现了灰松鼠的储藏地窖时，他清楚地知道自己确实有了一个宝贵的发现。我们完全可以理解威廉当时的心情，他非常渴望继续待在这里，想看看这里究竟会发生什么事。

对于这样的时刻，成人不仅难以观察到，也难以正确解读。威廉全神贯注于自己的工作，以至于选择不回应叫他回到集体的成人的召唤。成人只顾着带领队伍四处寻找越冬动物的活动痕迹，却在不经意间错过了威廉的发现，而威廉的发现恰恰就是大家想在户外寻找的东西。因为户外充满了各种各样的奇妙事物，孩子们可以自己发现，所以最好像教育工作者常在室内所做的那样，教师可以先提出一个令人感兴趣的问题，再让孩子们以自己的方式进行探索。这时候，成人可以组织小组进行交流和讨论，以多种方式支持儿童采取不同的探索方式，并帮助儿童相互分享自己的发现和想法。此时，教师其实可以这样说："快来看看威廉发现了什么！"

提示和讨论

人们通常认为，幼儿的注意力持续时间较短。那么，在这两个故事中，是什么原因让他们长时间地保持专注和投入呢？

指标2：儿童能够追求和应对越来越复杂的任务、项目和活动，愿意持续工作几个小时或几天

土豆的故事

"祝你好运。我希望你越长越大。再见。"

现在是早春时节。教师把约翰·科伊编写的绘本故事《我和两个老土豆》(*Two Old Potatoes and Me*, John Coy, 2009)放在了特色图书桌上，然后打电话给农产品供应商店，问他们那里是否有土豆可以供应。当孩子们来了以后，教师拿出了一个大篮子并向他们展示美丽的红、白土豆。于是，孩子们开始研究土豆的气

味、质地和形状，并且注意到一些土豆眼里已经长出了亮亮的黄绿色小芽。一群男孩和女孩来到花园，他们从墙上的挂钩处取下大铲子、小铲子和各种耙子，在去年曾种植过土豆的那块地上用这些工具挖掉各种杂草，又用铲子翻出

肥沃的黑土。教师说：“我们可以在土壤中播撒种子，我们可以种植橙色的南瓜，其他种子可以种植在桶里。”很快，大家就准备在地里进行种植了。

第二天就是种植日了，天气非常寒冷，到处结了冰。孩子们围坐在户外的一张桌子旁边，

把土豆切成小块，每一块上面都有一个小芽。孩子们把土豆块放回篮子里，然后来到种植区。大家把铁锹尖插入冻土里，有孩子提出了自己的问题："土地结冰了，我们该如何挖掘与掩埋呢？这些都是冰棍一样的土！"每个人都在坚硬的土壤上挖了一个洞。"这真是一项艰苦的工作。"他们把发芽的土豆块放在洞里，让绿色的芽朝上，然后把土堆在上面。在给土堆浇过水后，孩子们用教师提供的迷迭香树枝在土豆的旁边做标记。基丽说："标牌在哪里？让我们做个标牌吧。标牌上应该写上'只有土豆'。"基丽和玛迪逊一起走进活动室制作标牌。教师帮助他们把制作好的标牌进行塑封。一天后，所有孩子聚集在一起，并在花园里"种"下了这个标牌。"祝你好运。我希望你越长越大。再见。"基丽一边走一边低声地对土豆说。

在户外，儿童会以一种真实的、可行的和令人难忘的方式体验季节的更替和时间的流逝。他们感觉到温度的变化，他们被雨淋湿，他们注意到树叶飘落在地面上。这些小小的经历都会被记录下来，在他们心中留下印象，帮助他们增强对季节规律的理解。正因为如此，户外为长期的项目和体验提供了一个特别合适的环境，在这里，孩子们可以见证其成长和变化，并开始理解它。

在这个故事中，孩子们正处于户外体验的早期阶段，这种体验将在整个春季和夏季中吸引他们的注意力。这样的长期项目能为孩子们提供发展和实践的理想机会，因为他们追随的是一个跨越整个季节的、不断演变的和充满戏剧性变化的关于成长和收获的故事。在这里，孩子们被一个个引人入胜的故事吸引。在这个故事中，一个小男孩发现了两个老土豆，并对土豆芽感到好奇。当教师向他们提供与书中一样的真正的土豆，以及接触和研究土豆的机会时，孩子们就更加对土豆感兴趣了。在设计和安排庭院工作时，教师为孩子们提供了一种安全的方法，让他们自己切土豆块和种植土豆。她明智地为所有计划外的事件、意外的发现和各种经历留出了充足的空间和时间，而这些都伴随在孩子们挖掘泥土和各项准备种植的工作中。孩子们发现了虫子，也发现了一个和书里的插图一样的老土豆，并且对“糊状”的腐烂南瓜的残余部分（包括南瓜厚厚的木质茎和光滑的种子）进行了探索。

教师能够以接受和开放的态度来面对孩子们扩展自身项目时的想法和愿望。当基里建议大家做一个标志时，教师立刻意识到这正是一个儿童打算进行深度学习和探究的指标。她及时地捕捉到了这一刻，并以明显支持的态度鼓励基里和玛迪逊到活动室里制作标志。通过帮助儿童对标志进行塑封，为孩子们在花园里种下标志留出足够的时间，她以自己的方式增强了儿童的主动性，并有力地支持了他们的参与。

孩子们通过参与那些能激发他们的兴趣的活动来发展自己的毅力。通过为孩子们提供如此多的和不同的切入点，教师非常及时地抓住了时机，将儿童种植土豆的兴奋感转化为学习行为，并且有效地支持儿童进一步拓展自己的兴趣和关注的范围。她能够让每一个挖掘者、观察者、除草者、浇水者、阅读者和写作者都能充分地展开想象。每个人都与他人相关联，并拥有再次参与进来的机会，而这一过程将持续到夏季，那个时候孩子们会收获并品尝到第一个小土豆，直到秋季孩子们收获本年度最后的土豆。

猫咪的小屋

“我们是猫咪。我们是会抓人的猫咪。如果我抓住了他，他也会变成一只猫咪。这是我们猫咪的大门。你是猫咪妈妈，我是猫咪宝宝。我在磨我的爪子。小猫咪们都在树皮上磨自己的爪子！”

从本学年开始，“猫咪小屋游戏”就非常受孩子们的欢迎。几乎每天，孩子们会在教室里搭建各种小巢和小窝，并在那里玩关于猫咪的假装游戏。到了

11月份，他们的猫咪游戏扩展到了户外，班级中的大多数人加入这个游戏中。也许是受到他们经常会在其中吃点心和看书的有着鲜明的乡村风格的户外小屋的启发，他们决定自己建造一个户外的猫咪小屋。他们在树林的地面上收集各种材料，花费了几个月的时间一起工作，搭建并维护一个能支持他们游戏的稳固的大型建筑物。而在游戏活动中孩子们也会试着模仿真实的小猫。我们看到：卢卡斯正在附近的一棵树的树皮上磨自己的爪子。扎克找到了

一片舒适的地方躺下来休息，温暖的阳光穿过屋顶，洒在他的身上，他舒舒服服地伸展了一下自己的身体，然后缩成一团小睡了一会儿。

当儿童来到户外时，他们的各种想法、游戏活动和富有想象力的自主游戏项目的舞台往往会变得更加开阔和全面。为什么会这样呢？户外环境特别适合那些需要更大空间和更长时间的拓展性活动和延展性项目，由于有了空间和时间上的支持，在此类活动和项目中孩子们会更加受益。大自然提供了大量的、多样化的开放性材料，那么孩子们就会用各种各样的方式去使用这些材料。因为在每天活动结束时，人们通常不需要把所有材料拆卸下来而只是把这些物品堆放在户外，所以孩子们就可能随着时间的推移而不断增加材料以改进他们的项目。这样一种根据自己的想法且随着时间和空间的变化来行动的能力，通常就会为孩子们提供大量的解决问题、决策和相互沟通的机会。在猫咪小屋的案例中，周末的风雨使这一建筑物受到了损害，于是“小猫咪们”花了好几天的时间讨论、修复和重建他们的家园。

大多数儿童喜欢设计和建造东西，创造自己的地方，并乐意在里面花费时间。这些活动以及与之相关的技能可以帮助孩子们认识到自己是强大的、有能力的。当孩子们以这种方式来体验自己时，他们的自信心会使他们更有可能坚持不懈地面对挑战，并且愿意深入地探究各种材料，尝试各种想法。

在猫咪小屋的故事中，户外通过为每个儿童提供有助于他们思考和表达各种想法的材料与空间来支持他们坚持。卢卡斯花了好几天时间收集“没有任何分叉的笔直的树枝”，用于建造屋顶和墙。阿梅莉亚发现了一些铺路石，于是她决定用它们做一个“猫咪小屋的完美入口”，这样小猫咪们就可以在那里擦爪子。卢卡斯和阿梅莉亚还一起创造了一个“活板门”作为猫咪们的后门。他们还尝试提供各种物品的表面，如树干和翻倒的木桩的表面，让猫咪们“磨爪子”。所有儿童在猫咪小屋里度过了一段时间，他们在一起共同想象、表演和谈论做一只真正的、活生生的小猫咪是什么感觉。

这些孩子参与“成为猫咪”的方式多样和广泛，这表明他们已经能够深入地做到将自己的想法应用到新的情境中。他们会建造自己的家。他们会寻找食物。他们假装是一家人。他们会进行修理。他们的老师能够理解并重视他们的兴趣，对他们的行为表现出支持的态度。教师能帮助孩子们寻找各种材料，同时提出恰当的问题，监督并帮助儿童测试房

提示和讨论

你可以在《土豆的故事》和《猫咪的小屋》这两个故事中任意选择一个，然后画一个网络图，以此来记录孩子们在探索中运用到的各种不同的技能和具体的活动过程。此外，在进一步扩展活动的内容方面，你还有哪些好的建议？

屋结构的安全程度。她鼓励他们在想要为自己的房子做标识时，就拿出纸、记号笔和绳子。当出现需要小组共同商讨的问题时，她就为孩子们创造和安排班级集体讨论的时间。这些都是教师支持儿童拥有更长的时间参与到项目中的例子。在教师的支持下，即便是年龄很小的儿童，也可能会花费数周甚至数月的时间长期参与这些项目。

指标3：儿童能不断地尝试以完成一项艰巨的任务，保持注意力并可以克服与任务相随的挫折、失望、困难和障碍

虫子的故事

“快看！这里有虫子！”

当两个男孩一起坐在墙边上时，看起来他们像是在用自己的脚毫无意义地磨蹭树皮，但实际上他们正在寻找蚯蚓。他们这样做是有目的的，因为他们会将树皮覆盖物刨开，一直挖到下面的土壤之中。当其中一个男孩发现一条虫子时，他轻轻地把它从土壤中取出来，小心地放在手掌上给他的朋友看，然后主动提出也为他的朋友找一条虫子。

“我在泥土里发现了一条虫子。我要给你也找一条。”然而，这位朋友拒绝了这个提议，他说：“我正在寻找自己的虫子。”他们继续玩耍和交谈，讨论在哪里能找到最好的虫子，同时继续思考在他们的游乐场中什么样的空间会是虫子们“最感兴趣的”空间。

“虫子可能喜欢在地下，因为它们喜欢泥土。”

“我找不到它们……”

“我找到了一个。它把自己绕成了一个圈。在那里。”

第三个孩子来了。他叫拉希姆，是这个中心的新成员，他的英语还不够流利。拉希姆站在旁边聚精会神地看着他们。他慢慢地靠近这两个男孩，试图近距离地观察一个男孩手里的虫子。他站在两个男孩中间，充满热情地观察这条虫子，以此表示自己很有兴趣加入他们的活动。两个男孩没有理会和回应他的友好姿态，而是在继续寻找虫子。于是，拉希姆离开了他们所在的区域，走到更远的地方，开始了自己的探寻。他用脚来挖掘，检查覆盖物下的潮湿的土壤。在挖掘了一会儿后，拉希姆再次走近这两个男孩，用十分热情的语气告诉他们，在长凳下面有更多、更好的虫子。他指向一个地方，并用强调的语气说：“那里就有虫子！”当一个男孩看起来感兴趣时，拉希姆再次进行了陈述。这一次两个男孩都看向那里。于是，拉希姆用手招呼他们跟着自己，然后跑向了那个新地点。

户外有大量有趣的物品和现象，为孩子们提供了大量接触材料和与同伴相互交流的机会。在一个丰富的户外环境中，无穷无尽的、多样化的物品等待着儿童发现和探索。在一间设备齐全的活动室中，科学区里可能有30个自然物体，但是在户外环境中，可供儿童进行调查的自然物体则会多得难以计数，而且每个自然物体都是独特的。在户外环境中，孩子们会持续不断地发现新事物，并且渴望与他人分享自己的发现。这些新发现就是他们交流的巨大动力。儿童的兴奋和兴趣是他们互动的一种燃料。他们十分自然地渴望和大家一起谈论他们看到了什么、感受到了什么、发现了什么以及还想知道什么。这些发现会带来力量，为所有孩子创造了一种潜能，他们如果愿意，就可以找到一种建立社会联系的方式。即便他们在这个过程中可能会遇到其他孩子的拒绝（正如拉希姆所经历到的那样），但是那些有着良好的坚持策略的儿童依然可以借助和依托户外环境进行有效的社会互动和交流，因为在户外环境中儿童拥有大量分享兴趣和一起参与活动的机会。

如果一个儿童是在学期中才加入某个群体，并且这个孩子还不能流利地使用群体中的优势语言，那么他就很难交到新朋友。而这个故事很好地向我们表明户外环境如何提供恰当的工具和资源来帮助儿童直面困难并协助其与同伴建立良好的社会联系。拉希姆能够以一个令人舒适的距离来观察和分析另外两个男孩的活动。他试图加入他们的活动，却没有成功。于是他就走开了，但他并没有放弃。相反，他模仿了他们的行为和活动，在一旁独自挖虫子，并且有了自己的新发现。有了这种新的经验和积极加入的动力，拉希姆充满信心地再次接近那两个男孩，并试图加入他们的游戏。这一次，他主动分享了他发现的一个特别的虫子活动的场地的信息，以作为与这两个男孩建立良好关系的新策略。

与平衡相关的动作

“我喜欢练平衡。”

德温从一个树桩跳到另一个树桩，他正在选择自己的路径，他将会顺着树桩的排列形状从一端一直跳到另一端。他不停地移动自己的身体，并且伸展手

臂以保持平衡，在这个过程中，他的动作十分流畅，每一步之间没有明显的停顿。当他从一个大树桩跳到一个小得多的树桩上时，他踉踉跄跄地跳落到了地面上。德温停了下来，认真研究了眼前的这两个树桩，再次爬起来。德温不停地向前跳着，紧紧地看着自己的脚。他连续跳了两趟，在此期间他只跌落了一次。大约5分钟后，德温跳到树桩中间的空地上。他在地上伸展身体，然后像一条蛇一样趴在地面的覆盖物上用自己的腹部滑行。突然，他盘起身体，蹦跳起来，快速地跳上一个树桩，又继续沿着线路从一端跳到另外一端。

儿童需要有活动和运动的机会，这样他们就可以发展他们的运动规划能力、平衡能力、体力和耐力。攀爬、跳跃、跑步、快步走和其他的快速运动都是儿童健康成长和发展所必需的活动。在繁忙的活动室内做这些事情往往显得不够安全，但是，此类活动可以很容易地在户外的开放空间里进行。户外活动能够为孩子们提供计划内和计划外的身体挑战。当孩子们在树林中行走时，他们需要穿越各种地形，跨过各种障碍物，并对周围的环境时刻保持警惕。同样，那些非标准化的游戏材料结构，如那些间距不规律的、安全牢固的、有着不同高度和大小的树桩就需要儿童以高度专注的态度参与其中。他们必须关注自己的脚的位置，要注意身体在空间中的具体方位。像这样的身体挑战活动会激发和鼓励儿童坚持做某件事情。为了能够达到目标并熟练地掌握相关技能，孩子们必须反复练习，必须一次又一次地通过各种挑战性活动来克服周期性的挫折和失望。

我们可以清楚地看出，德温已经认识和明白了练习和熟练掌握之间的关系。他十分享受自己在树桩上不断完善和展示动作技能的过程。在做错后，他也能很好地管理自己沮丧的情绪，吸取教训，然后继续前进。对结果的充分预估会成为儿童行动的强大动力。当儿童能够意识到自己可以越来越好地完成一项任务时，他们就会下定决心，以更加努力的工作态度来达到自己设定的目标。对结果的了解也有助于他们在遇到障碍或挫折时管理好自己的情绪。对儿童来说，身体上的挑战尤其会让他们感到兴奋。正因为如此，儿童会通过严格的自我约束来达到自己的目标。孩子们在完成体力任务时所表现出来的坚持和毅力也会自然地迁移到他们在其他领域的学习之中，因为在面对任何困难和任务时，儿童都需要进行大量的练习，需要发展自己的概括和归纳能力。和德温一样，那些相信自己必定能够取得良好结果的儿童往往会在学习的各个领域中表现出“坚持不懈”的态度。

提示和讨论

在《虫子的故事》和《与平衡相关的动作》中，教师都选择了不干预的策略，让儿童自己游戏，自己面对挑战，自己经历。那么，有哪些证据可以证明教师的决定是合理而恰当的呢？

指标4：儿童会有目的地选择感兴趣的活动和互动项目，制订计划，并能够越来越独立地执行计划

雪秤

“我正在制造一台机器。这是我的最新发明。你可以先在这里放一些雪，然后用木板盖住它。这样雪就会变成冰。这一个（木板）太完美了！现在有更多的雪和另一块模板。我要向前推这个，然后在前面再放一块木板。”

当大家已经在雪地上探索和活动了20多分钟之后，大多数孩子都和他们的老师一起走进了室内，基里却选择独自留在户外。她正在试着把蓬松的雪堆成一个小雪人。当她在高约15厘米的雪人上增加一只眼睛后，她停了下来，开始环顾四周，然后就来到了户外的大积木区。她用自己戴着光滑手套的双手从木头堆里拖出了一块木板，把它放在地上，然后开始用手把雪堆在整个木板上。当木板上都盖满了雪之后，她就把另外一块木板盖在了第一块木板的上面。她

注意到了两块木板的宽度不太一样，对此她流露出难以接受的表情。于是，她又去了一趟储藏区，稍后她带回来了一块与第一块木板一样宽的新木板，并且把这块木板整整齐齐地放在了第一块木板之上。她用自己的手使劲地按压这两块木板，尽全力让木板之间的雪能够紧紧地压在一起。然后，她把雪堆放在木板的两端，拿出两块大的积木，用同样的方法对雪进行挤压。她用自己的连指手套的末端把边缘打磨整齐，就像人们想办法把澡盆旁缝隙处的水珠轻轻地抹去一样。就在此时，她的注意力又发生了变化。她在相互交叉的横木的每一端都放上了一块大积木，并自言自语道："这就像一个小秤。它可以用来称各种物品的重量。"

天气给户外带来的变化对儿童来说是十分生动的和有趣的。这种变化（如新下的雪）会让儿童以新的方式来体验他们的户外游戏空间，会把新的陌生感添加到其原本熟悉的环境之中。孩子们需要有时间来注意到风、阴影和雨等变化，这样他们才能以亲身经历的方式体验和感受天气及其影响。为达到这一目的，相对于大多数早期儿童课程与项目，儿童需要拥有更多的时间和空间。同时，他们还需要有合适的衣服。基里在寒冷的户外的工作时间能够长达一个多小时而依然保持舒适的状态，其原因在于她借助了适当的衣物以让自己的身体始终处于温暖干燥的状态。在户外环境中，基里穿上了保暖效果良好的冬靴和夹克，并戴上了帽子和手套。在她的室内小柜子里还有一套备用衣服，可以在她需要的时候随时派上用场。

当儿童每天都有多个外出的机会时，他们就会茁壮成长。要使儿童真正地参与他们感兴趣的事情，教师就需要让他们在户外度过美好的、充实的和不受打扰的一大段时光。当儿童有了充裕的时间，他们就更有能力参与和适应自己选择的活动。随着时间的推移，他们可以不断地积累经验，自己开发出更复杂的项目，并与他人进行更密切的沟通。他们也会在一项任务上坚持更久，更专注，更投入。

显然，我们看到在活动中基里自然地参与到了重大的研究课题中。虽然她可能不能找到恰当的词语进行命名，但是她的确能够自己设计出新的项目，能够制造一台新的简单机器，这些项目涉及一些新的科学知识和原理。基里在自己玩雪的过程中发现了一件有趣的事情，并由此制订了一个计划。她最终决定发明一台"化雪为冰"的机器。她的机器的设计结合了她在用手把雪包在一起时获得的关于雪的知识和经验，那就是她可以先用双手把雪包在一起，然后用挤压的方法把这些雪紧紧地压在一起。在用手压紧雪的基础上，基里发现可以用两块木板来挤压雪，最后发现还可以用一块木板和一块大积木的方式来挤压雪，通过一步步的探索，她惊奇地发现自己可以用各种方法把雪变成冰。这个故事表明，随着时间的推移，随着儿童不断地与周围物品进行互动，儿童会更加深入地参与各种探索、研究和发现。当孩子们探索他们深感兴趣的事情并拥有他们所需的大量时间后，他们的参与、跟进和坚持都会得到增强。正因为有着如此重要和有趣的探索问题，所以基里能在一个小时内始终专注于自己的发明，裹紧衣服，愉快地享受冬季的天气所带来的乐趣。

发射平台

“嘿！我有了一个好主意！”

阿伦、康纳和梅森三个人正轮流从一个他们用户外的大型单元积木搭建的低矮的平台上跳下来。他们把装积木的储物箱作为底座，把盖子作为发射台。在每次跳跃后，他们都会就如何改进自己的设计进行一番讨论。阿伦首先放了一块积木来支撑和加固发射平台，他将积木垂直地放在盖子前沿的中间位置。在成功和顺利地从这个建筑结构上跳下来之后，梅森提出了新的建议，他认为如果再加一块积木会使这个建筑物更加坚固。于是，男孩们就尝试着加上了第二块积木。他们先是在储物箱的后面进行尝试，然后把积木移到了前面，同时他们还调整了另外一块积木的位置，这样就能够让每一块积木都能支撑住盖子的一个前角。

儿童是积极的学习者。这意味着他们将通过实践来学习，而通过实践来学习就不可避免地会涉及一定程度的风险。在户外时，儿童会表现得更加积极并且不得不做出更多的选择和决策，所以，我们应当对户外背景下儿童成长和发展中的风险的角色作用具有更加充分的认识和规划，这一点非常重要。教师需要对户外的空间和协议规则进行规划，以便在孩子们测试和体验他们的优势之处以及直面和感受他们的局限之处时能够给予可靠的支持并做出恰当的回应。冒险可以让孩子们在尝试和错误中学习，这通常会引导他们以更加新颖和颇具创造性的方式来解决自己面临的问题。当他们获得成功时，他们就会萌生出自尊。当他们失败时，他们也能认识到界限和自身能力的局限之处，会发展判断能力，也会较好地处理和应对那些随失败而来的各种负面情绪。你可以通过与孩子们建立良好的伙伴关系以及和他们共同参与到识别和评估风险的对话等方式来帮助儿童。这将帮助儿童进一步提高自身对于风险和冒险的理解能力，孩子们会日渐明白哪些事情会被人们看作适当的和可接受的风险与冒险。这也会有利于我们帮助儿童提高自我保护的能力。阿伦、康纳和梅森选择了一项学习内容极其丰富的活动，而其中的部分原因就在于这一活动所涉及的风险水平对他们来说是恰到好处的。这一活动使这些男孩能够挑战自己，体验和感受他们的体能极限。当他们花了30多分钟来调整平台的平衡并且腾空跳下时，他们的脸上都显露出了积极参与的表情。如果儿童有机会选择自己极感兴趣的活动，并能够在高水平上进行追求和探索时，他们就可以在这项活动中获得重大利益，其结果也是极为显著和令人满意的。在这里我们也能看到坚持和选择之间有着强有力的联系。坚持是一种习惯，当孩子们利用各种机会深入参与不同的项目和兴趣时，孩子们就会更好地养成坚持这一良好习惯，当然，这些项目和兴趣爱好要能够激发他们的想象力，并要有利于支持每一个儿童的自我感官和自我意识的良好发展。随着坚持能力的发展，儿童可以把坚持作为一种态度和作风而将其有意识地应用于自身学习的各个领域。在今后的生活和学习之中，当孩子们必须完成一些他们原本不那么感兴趣的任务时，这种坚持的习惯和态度就会给他们带来极大的益处。

提示和讨论

从《雪秤》和《发射平台》这两个故事我们可以看出，一套木质的户外积木对于支持儿童的活动有着重要的作用。在你的操场上有哪些材料可以为孩子们提供与此相类似的开放机会，来支持他们去设计和执行自己的项目和探索呢？

指标5：儿童在需要时会寻求并接受来自同伴和成人的帮助、信息、工具和材料

花园日

“没错。……只要不断地松开这些根，它们就能生长了。”

这是一年一度的学校和社区的花园日。祖父母（或外祖父母）、父母、兄弟姐妹和学龄前儿童都在场地上忙着挖掘和种植。凯莎仔细观察着教师准备好的一筐筐和一盆盆的各种用于种植的鲜花和蔬菜。她先戴上一副园艺手套以便让自己的双手保持清洁，然后走向一大堆色彩鲜艳的一年生花卉。她在其中挑选了一些花卉，把它们放在一个空着的并且有点突起的泥土堆上。在把它们摆放在土壤上后，凯莎采纳了母亲的建议，尝试着轻轻敲打盆子的底部并将其倒置过来，然后把名为“甜蜜的威廉姆斯”的花从盆子里敲了出来。当她的母亲注意到这束花的根纠缠在一起并且有些干燥时，建议她可以用手指将这些根分开，这样植物就可以在土壤中顺利地生长了。凯莎说：“没错。……只要不断地松开这些根，它们就能生长了。”

虽然孩子们可以在观察室内花盆里的种子发芽与生长的过程中学到很多东西，但是户外庭院的体验为他们提供的机会依然是室内所无法提供的。在户外，孩子们可以种植更多种类的植物，并且可以全身心地投入。他们会受到天气的影响，也会受到自然界中其他因素的影响，如昆虫、小鸟、落叶和天上路过的云朵。而且，他们可以在这个过程中真正地收获鲜花和草药，可以种植那些他们想吃的食物。那些既好采摘又好吃的收获物包括：萝卜、胡萝卜、糖豌豆、圣女果、生菜和其他绿色植物。那些既能让孩子们感受到种植的快乐又便于管理的植物有：大蒜、土豆、葱、香瓜、南瓜、秋葵和向日葵。到了夏末和秋季，那些激动人心的收获物包括：西瓜、南瓜和其他的各种葫芦科植物。让儿童了解各个季节里的植物生长情况，可以让他们日渐明白植物顺利地生长和繁荣的条件，并且可以真切地认识到自己的食物是从哪里来的。然而，对很多儿童来说，他们在这方面的经验和了解到的概念却很有限，甚至有些儿童会越来越远离这些经验并对此感到十分陌生。

在执行复杂且具有挑战性的任务时能够寻求并接受帮助，是儿童走向独立的重要一步。为了能让这一策略有效地帮助儿童。通常，你必须协助和支持儿童将问题或任务分解成他们可以独立完成的和可管理的若干小的部分。你如果想要很好地做到这一点，那么就应该仔细地观察儿童，与他们进行交谈和沟通，这样你就能够知道他们正在想什么。在这个例子中，教育者面临的一个问题和挑战就是，给予儿童多少帮助会显得过多呢?

欢迎儿童提出问题，鼓励他们敢于寻求别人的帮助，让他们参与到对话之中，观察他们并与他们合作，这些都是成人支持儿童的恰当方法。重要的一点是，不要让儿童一开始接手和承担整个任务，不要一开始让儿童做得太多，当然，也无须非此即彼地走向另一个极端，也就是说，人们不要仅仅给儿童提供极少的工作量和毫无挑战的任务而让他们感到困惑和无趣。通过仔细观察凯莎并一直在她身边做事，凯莎的妈妈能够确切地明白，究竟需要提供多少帮助和提供什么样的帮助，才可以更好地支持凯莎根据自己的准备并按照自己的想法进行种植。

敢于寻求成人的帮助和乐意接受来自成人的帮助通常不被人们看作有利于儿童走向独立和自主的积极品质，但是这个故事向我们表明，儿童接受来自成人的适量帮助会有助于他们独立地完成为自己制定的任务。在活动中，凯莎的母亲能够适时适度地提供帮助，这种帮助是适当的，也是极有限的，在此种情况下，这种帮助看起来十分自然，并不显得多余和过分。当成人以这种恰当的方式来回应儿童时，儿童会以积极乐观的态度来寻求他们需要的帮助。其后续的结果就是，儿童会继续自我努力，以积极的态度来面对各种越来越困难的任务和挑战。

水泵

“你需要按一下这个按钮！”

艾娃和凯莎一起在沙地上玩耍。他们正在挖一个很大的洞，然后用圆石把这个洞围砌起来。稍后，他们决定用水把这个洞填满。艾娃提起一个又高又细的浅绿色水桶，跑向了水泵。她将水桶直立地放置在水泵出口下方的沙地上，她预计水流会从水泵的出口处流出来。她走到水泵后面，按下控制水流的不锈钢按钮。然而，每次当她按下按钮之后，水就会喷射到桶的侧面，水流的巨大冲击力把水桶打翻，水流到沙子里。艾娃用较高的喊叫声来表达自己的沮丧和失望。于是，她邀请卡莎来帮助自己。艾娃蹲下身子，用手稳稳地拿着水桶，凯莎按下按钮往桶里注水。通过两个人的合作，水桶里终于装满了水。两个女孩一起露出了微笑，她们再次回到沙地上，把水倒进了她们的小池塘中。

在户外，孩子们可以用沙子和水等杂乱的材料进行实验，而较少受到安静、有条理和保持整洁等要求的限制。这意味着，在户外儿童可以根据自己的想法更加自由地移动身体，他们能够采用那些很可能在室内环境下无法采用的方式去进行实验和探索，在室内时，他们和他们的老师都会更加注意保持环境的清洁并避免发出较大的声音。例如，户外沙箱可以很自然地激发儿童对物理领域中的一些重大概念（如重力、力、流动和侵蚀等）进行探索。玩沙区的旁边往往会设置相应的水源地，这些区域和设施能够为儿童提供源源不断的学习体验，这些体验是儿童在室内所无法获得的，而且这些探索活动常常会吸引儿童成群结队地参与其中，有时长达数小时，有时几天，甚至几个星期。

尽管凭借经验，艾娃就可以知道，这个特殊的水泵在两个人相互协助的情况下使用起来更容易。但是艾娃仍然决定依靠自己的力量尝试使用不同的方法。艾娃平时是一个不轻易向同伴或成人寻求帮助的孩子。如果她不是迫切地想要用水填满她那已经建造好的池塘，那么她可能早已经放弃了，并且会去做别的事情。然而，这一次她选择了继续坚持，她大声地请求凯莎来帮忙。在户外，孩子们会竭尽所能地解决那些自己的设计产生的真实的和现实的问题，他们也经常会遇到一些高难度的任务，这些任务往往需要得到同伴的帮助和协作才能顺利地完成。像艾娃这样的孩子，他们平时在向同伴寻求帮助时会表现出犹豫和迟疑，但是，当他们深深地参与到一个项目中时，他们更有可能会向同伴寻求并接受所需要的帮助。艾娃在接受帮助时所表现出的逐渐增强的灵活性就是一个很好的例子，这向我们表明，那些高度激励儿童和具有极大吸引力的活动能够支持儿童生发出坚持和毅力等品质。有意义的活动项目会鼓励儿童与他人建立联系，会支持他们去寻求、接受和给予帮助。所有这些行为都能够让儿童不断扩充自己的想法，并且能够让他们以更加复杂的方式进行工作和探索。

提示和讨论

你可以设计一些活动来鼓励儿童发展他们的独立性。你也重视发展儿童与他人合作的能力。当我们把相互合作而非独立性确定为项目的目标之后，教师应如何选择材料和安排户外空间呢？

进一步反思

应用参与和坚持的标准会如何影响你的户外教学?

不同于与生俱来的好奇心，参与和坚持是儿童通过经历和体验而产生的能力。参与和坚持源于经验，这一事实会给教师带来更大的压力和挑战，教师需要对这些学习习惯的发展予以关注并进行设计和规划。本章中的故事向人们清楚地表明，孩子们自身的兴趣和积极参与将会对他们发展坚持不懈的能力产生积极的影响。

《土豆的故事》和《猫咪的小屋》是两个特别典型的故事，这些故事向我们展示出长期项目如何支持儿童日渐靠近和达到儿童发展的相应标准。当孩子们有机会日复一日、花费数周甚至数月的时间重温材料和自己的想法时，那么他们就会对所接触到的想法进行更广泛、更深入的思考。他们会将更多的精力投入工作中，能够以更加新颖和独特的方式使用材料。他们会承担适当的风险，他们的行为也会更加独立。可以说，户外活动特别适合于那些需要儿童长时间参与的项目。户外为孩子们提供了丰富的开放性材料，可以激发儿童寻找最为恰当的表达方式，支持他们按照自己的想法进行实践。此外，孩子们还可以在一段时间内随时地发起、探寻、离开和回到项目中，而不必在一天结束时必须匆忙地拆除设施。当孩子们被长期项目吸引时，那么我们就能在他们的身上看到积极参与和坚持等宝贵的品质。

大多数户外活动有多个活动的切入点，能够让孩子们以多种不同的方式参与其中。户外是一个“人人都有自己的空间”的地方。通过精心地安排时间、空间和材料，你可以培养儿童的兴趣并且可以为每一个儿童提供对他们来说“恰到好处”的有吸引力的任务。当儿童选择坚持做一个项目时，他们就有机会进行更深层次的参与，而这有助于儿童形成坚持不懈的良好品质。

如果想要有新的发明，那么你需要拥有非常强的想象力和一大堆看似无用的杂乱无序的材料。

——托马斯·爱迪生（Thomas Edison）

第四章

想象力、发明和创造力的标准

想象力、发明和创造力是幼儿时期孩子们的语言。这个世界对儿童来说是全新的，充满了神秘，等待着他们体验和去理解。要做到这一点，他们必须以“新”的方式将未知的事物组合在一起，要去观察和分类，并开始对自己经历中的元素进行分类。从某种意义上说，当你处在不知道事物的运作方式或者不知道会发生什么的情况下，发明是唯一的选择。正是通过想象力、发明和创造力，孩子们才能玩他们所看到与经历的事物，并能够从不同的角度来看待事物，从而形成自己的理解。无论是在绘画、角色扮演、搭建积木、跳舞还是在讲故事的过程中，孩子们都必须一次又一次地整理、测试和重新构想自己的经验。

尽管想象力、发明和创造力很重要，但它们在幼儿活动和学校中受重视的程度越来越低。它们也很少被理解为重要的学习工具。对孩子们来说，它们是了解世界的基本方式，因此也是强有力的学习途径。很多教师知道创造的过程实际上就是孩子们认识和了解事物的一种方式。如果一个儿童把自己假装成鸟妈妈而坐在自己的鸟巢里孵蛋，并十分警惕地观察着四周，那么这个儿童就是在根据自己对鸟的知识的了解，借助于假装游戏的方式进行实际的探寻，而这些关于鸟的知识都是他平时看到和听到的。在游戏的帮助下，这个儿童正在不断地完善自己关于小鸟及其行为的理解，可以说，这个儿童在一条假想的河流上用积木搭建了一座桥梁，并开始探索不同的概念，如：在……上方和在……下方，向上运动和向下运动，升高和降低，以及其他各类与工程物理相关的概念。

概述

为什么想象力、发明和创造力的标准对于儿童的健康发展十分重要?

想象力可能是人们所拥有的最强大的工具。它可以让你坐在客厅的椅子上且无须移动身体，让你的思想在时空里任意穿梭。人们靠行动和想象来学习。想象可以使你将事物以新的方式组合在一起，形成新的联系和连接，从而产生新的理解。当一个人问这样的问题:“如果这样，那么会怎样呢?”这个时候，一扇通向新的可能、新的解决方案和新的想法的大门就打开了。当我们提出这样的问题“如果我是一个新出生的婴儿，那么我会怎么做呢?”时，我们就可以鼓励和允许儿童通过角色扮演来探索和体验家庭中将会发生的种种变化。假如我们问儿童“如果我把蓝色的颜料和黄色的颜料放在一起，将会发生什么?”，那么这会支持儿童创造出新的绿色。假如我们问儿童这样的问题“如果我变成了仙女公主，那该怎么办?”，那么这会让儿童感受到自己的美丽和重要性。假如我们问儿童“如果我用雪把积木固定在一起，那么会发生什么呢?”，那么我们会引导儿童一起创造出解决问题的新方案。想象游戏能够为孩子们提供一种探索世界、解决问题和培养自信的途径。孩子们喜欢做那些“假装的”事情，而且会通过游戏来认识、处理和应对那些真实的和虚构的事物。

童年的一部分工作就是培养健康的自我意识。一个儿童的自我认同感和自尊心会通过创造性的自我表达而得到增强。当孩子们参与想象、创造新想法和探索新方法等各种活动时，他们就会逐步认识到自己是独特的、有价值的。因此，很重要的一件事就是教师要提供一个适宜的环境，这一环境能够鼓励儿童参与到富有想象力的游戏和创造之中，支持他们进行创造性的自我表达。

与实践相关的思考

各个州和国家级的早期儿童组织是如何对想象力、发明和创造力进行分类的呢?

与好奇心、主动性、参与性和坚持性这些指标相比，少数州的幼儿教育组织会在他们的标准中把想象力、发明和创造力这几个指标直接地罗列出来。一些人认为，既然这些标准没有频繁地被人们提及，那么这些标准对于儿童的发展来说就没有那么重要。很显然，这样的观点是不恰当的。想象力、发明和创造力是影响儿童发展各个领域的关键能力。理解这个世界是儿童在童年时期的一项重要工作，社交游戏或想象游戏是儿童从事并完成好这项重要工作的主要工具，并且如果要玩好这些游戏，儿童就需要具有一定的发明和创造的能力。正如维维安·佩利（Vivian Paley）所说，“如果一个儿童想要打开一幅更大的图景，并且想知道如何把各个片段组合在一起，那么这个儿童就需要在社交游戏中借助于自己与同伴的交流来不断地加工和处理好这些想法和意图”（1988，p.viii）。儿童通过游戏来表现真实的世界，而且这就是他们理解世界的一种方式。参与富有想象力的游戏的能力是儿童具有抽象思维能力的一种外在表现，而这一能力与儿童在学校中获得学业成功的能力之间也有着密切的联系。

一些州的早期学习标准中明确地列出了想象力、发明和创造力等指标，在对这些标准进行查看和考察时我们看到，在这些标准中有关于自我表达的清晰描述。这些标准强调，儿童需要具有独立决策的能力，要能够尝试用新的方法做事，并且能够用独创的方法组合材料。角色扮演和幻想游戏的主题也往往会作为儿童探索周边世界的有力工具。最后，一些州认为，幽默是儿童具有自我表现、自我表达和创造能力的一个外在指标，对儿童的发展具有重要的价值。

对标准的应用

哪些可观察到的行为或指标可以用来判断儿童是否达到了想象力、发明和创造力的标准？

尽管这一标准对儿童的发展至关重要，但是与本书中出现的其他标准相比，各个州很少提及这一标准。对我们来说，这并不意味着它不那么重要，而是意味着它不那么容易被理解，也许一些教师觉得自己很难对此进行量化和系统地教学。然而，它对于儿童更好地理解世界至关重要，而且能够在儿童学习的过程中发挥重要作用。正是依靠这种倾向，儿童才能够萌发新的想法、发现、创新和实验，才能解决好自己面临的问题，才能够创造性地进行表现和表达。因此，想象力常被人们看作形成假说和科学发现的必要条件。

想象的某些方面得到了一些州的认可。有相当数量的州把儿童能够以新的和原创的方式使用材料看作创造力和发明的一种标志，人们通过定义的方式来表达出对这一标准的明确观点。假装游戏是另一个贯穿在这些标准中的常见主线。而呈现出来的第三个指标就是幽默，这是一个更复杂的标志。有了幽默这种能力，儿童就可以将矛盾的想法并列起来，并能够利用此时所产生的紧张情绪来进行游戏。当孩子们能够恰当地、创造性地通过幽默来表达想法时，也就意味着他们已经能够建立联系，并且可以认识、理解和感悟到一些新的东西。

综合参考各个州的标准，围绕3—5岁儿童想象力、发明和创造力的发展，我们概括出3条行为指标：

1. 儿童能够展示、欣赏和享受幽默感；
2. 儿童能够从事假装游戏，表达情感，尝试新的想法和行为，并能够使用真实或虚构的物体进行角色扮演；
3. 儿童会进行各种探索和实验，会尝试以新的方式来做事情，会以新颖的和原创的方式来使用与组合各种不同的材料。

体验想象力、发明和创造力的户外指标

指标1：儿童能够展示、欣赏和享受幽默感

火车

“你想继续走哪条路？”

“让我们一起去北极吧。……去看篮球！”

“你现在是一个马达吗？……因为只有马达才可以在火车的后面。”

科尔和塞巴斯蒂安相互跟随着，他们在环绕游戏场地运动区的长条扁平木板上边快走边保持身体的平衡。他们非常快速地移动身体，偶尔会伸出手臂来保持平衡。他们对第三个男孩大声地喊：“阿伦，你想上火车吗？”阿伦跳到他们身后说：“我是一个马达。”3个男孩有节奏地做着身体起飞的动作。当他们在

"轨道"上行驶时，他们会一起发出火车一样的声音，并且像活塞一样前后移动自己的手臂。他们在拐弯时互相看了一眼，并咯咯地笑了起来。当他们来到一个交叉路口时，他们发现这里的木板通向两个不同的方向，于是，站在前面的科尔就询问其他人，他们想走哪条路。站在中间的塞巴斯蒂安建议大家去北极，停顿了片刻之后，他又微笑着补充道："……去看篮球！"孩子们一起大声地笑着向左转，沿着轨道继续前行。

户外能为孩子们提供一个舒适的让人感到自己受欢迎的空间，在这个空间里，孩子们会展现出旺盛的活力，参与各种热闹的活动并发出响亮的声音，而这些正是孩子们自然表达的一个部分。许多儿童，尤其是男孩，发现当自己处于学校的环境中时，他们精力充沛、活力四射的身体状态很难与周边的环境相适应。而户外就能够承担这种旺盛的创造能量。当儿童来到户外后，他们往往会发出更多的笑声并展现出更多的幽默。户外环境能够支持儿童进行长时间的假装游戏和其梦想与幻想，也能支持他们更大幅度的奔跑、攀爬和跳跃等动作。孩子们可以通过这些方式来表达和享受那种正在发展着的幽默感。

学龄前儿童的大部分幽默都是通过有活力的身体运动表现出来的，他们往往会以一边做事一边谈论的方式进行表达。在儿童的社会互动和社会游戏中存在大量的发展自身幽默感的机会。例如，"颠倒日"这个游戏对于4岁的儿童来说就非常有趣，因为游戏中要求他们做的事情会与他们所知道的正确答案或预期完全相反。可以说，这种幽默源自孩子们对周围世界日益加深的理解，而且源自他们发现或者创造出的各种不连续或相互矛盾的新能力。

在上述故事中，科尔、塞巴斯蒂安和阿伦一起分享了一个扩展了的笑话。他们在和自己的思想一起玩游戏。我们看到，在这一过程中他们充分借助了口头语言和自己身体的各种动作。那么，把自己当作一列火车会有什么可笑与好玩之处呢？事实上，这里的好笑之处很多，其中就有火车会发出非常有趣和独特的声音，而模仿这些声音会让人感到很好玩和幽默。这3个男孩沿着"轨道"行进，他们的动作都是同步的，他们从朋友的身边呼啸而过，发出火车一样的声音，手臂像活塞一样一致地转动。就像那些经典的闹剧和幽默一样，活动中部分的乐趣就来自他们那些十分夸张的动作。他们能够完全步调一致，共享着相同的节奏并定时定点地执行预定的某种行为。除了傻乎乎地扮演火车之外，男孩们还分享了一个他们关于目的地的口头笑话。他们选择了一个最不可能让火车载着他们去的地方，然后将篮球与这个地方匹配，而这是最不可能在北极开展的一项运动。当塞巴斯蒂安建议在北极打篮球时，孩子们迅速而轻松地大笑起来，这表明他们能够心照不宣、心知肚明地理解和分享这个笑话。

攀爬沟壑

"等一等！我们会把你拉上来的！"

几个4岁的儿童正在树林里玩耍。他们正在尝试着攀登小沟壑陡峭的一侧。这看起来很难做到，在快要到达顶端之前他们总是会跌落下来。稍后，卢卡斯、佐伊和莫莉决定利用游乐场里两个1米高的泡沫塑料质地的带子来帮助他们一个接一个地爬上去。首先，他们采用了相互拉的方式来完成这个

任务，有的人负责爬，有的人负责拉。他们不断地练习，直到他们能够很自信地把别人拉上来。在此之后，他们开始轮流交换角色，有时会成为两个拉人者中的一个，有时会成为攀爬者。在游戏中，每次当他们快要把一个人拉上来时，都会有人（要么是登山者，要么是拉人者中的一个）“出乎意料地”松开手，然后登山者就会滚到底部并跌倒在松软的土地上。当这种情况发生时，3个孩子都会发出咯咯的笑声，然后就会说：“让我们再试一次！”或者“就是这样，再来一次！”

户外环境能够给孩子们带来独特而有趣的物理挑战，例如，沟壑地形会给孩子们带来各种新的挑战。在这个故事中，孩子们和沟壑就是一个完美的组合单元，在这个组合单元中，孩子们对重力、斜面和沟壑所提供的凹凸不平的表面都做出了反应。这一结构使孩子们开始进行自己的学习。他们以自己特有的方式和步调来迎接关于攀爬的挑战。首先，他们对山坡进行了探索，会选择更陡和更缓的路径来爬上山坡，然后他们开始反复练习如何从山坡上滚下来，并从不同的角度来测试和感受山坡的坡度。经过一段时间亲身实践式的探索，孩子们通过设定和实现一系列日益复杂的目标来不断提升自己的技能和信心。在这个过程中，他们不仅能够熟练地掌握相关的技能，而且对同伴充满了信任，这就能够让他们可以在工作的范围之外运用各种想法和概念来玩一种新的游戏。由此产生的幽默实际上是一个清晰而有用的迹象和指示，这表明儿童已经能够很好地掌控和应对沟壑所带来的生理和概念方面的各种挑战。

这个故事讲的是一个假装游戏，在这个游戏中，每个儿童都理解并遵循相同的一套规则。这套规则很明确。如果你是登山者，那么你就假装尽自己的最大努力去爬山。如果你负责拉人，那么你就假装尽力去拉。但是，不管你是登山者还是拉人者，作为一件幽默和好玩的事，你的真正目的是要让登山者滚到山坡下，而不是爬到山顶。这场游戏需要的是即兴表演、安排好的时机和判断力。它还涉及信任和信心，这是孩子们在游戏开始时在一起学习爬山的过程中形成的。这种幽默是在最初的掌握之后产生的，它来自看起来似乎就要发生的事情与实际上正在发生的事情之间的一种不连续性。一旦孩子们通过反复练习并能够真正地爬上这座山之后，他们就可以带着无法爬上这座山坡这一想法玩游戏了，并且会发现这样做会很有趣。于是，大量的戏剧性动作伴随着跌落这一行为而产生，如夸张的滚动、摔跤、慢悠悠的动作和惊讶的表情，所有这些都会引发大家的笑声。卢卡斯、佐伊和莫莉一次又一次地这样做了大约30分钟，大家在一起庆祝自己获得的成功，在游戏结束时仍然像游戏刚开始时那样在一起大声地笑着。

提示和讨论

重视儿童的幽默可以帮助你知道和理解他们正在想什么和他们感受到了什么，以及他们在发展中所处的位置。你喜欢的儿童幽默具有怎样的特点？他们的幽默中的哪些方面让你难以理解？

指标2：儿童能够从事假装游戏，表达情感，尝试新的想法和行为，并能够使用真实或虚构的物体进行角色扮演

宇宙飞船

“这是一个发射器。你要按下这个特殊的按钮。首先，你必须先把它拉下来。这是气体发生器。它能提供很多能量。然后，你就按下这个按钮。再然后，你就开始倒计时，并准备发射，5……4……3……2……1……0。发射了！”

这是秋季的一天，正下着毛毛细雨。孩子们和他们的老师都穿上了雨衣和雨靴，他们来到了户外，并在水坑的旁边跳来跳去。孩子们先是在石子地上玩跳水坑的游戏，然后就到树林里寻找各种颜色的树叶。刚到那里，一些孩子就注意到了一棵倒下的树，这棵树的根部像一个球。雅各布喊道："看，这是一艘宇宙飞船！"他们一起爬了上去，宣称这个球根的顶部就是一个控制室，并且把旁边的小树枝当作控制装置用来操控宇宙飞船。在玩了几分钟之后，莫莉爬了下来，走到5米外的一个大树桩旁边。她在那里自己演练倒计时发射飞船，并重复了多次。在20多分钟的时间里，她一直在练习并不断地完善自己的系统，她在这个树桩上设置了一些特殊的按钮和部件并赋予它们不同的功能。

在自然世界中，就孩子们所能使用的环境背景和他们在那里所找到的各种开放性材料的不同运作方式而言，天空就是他们所能到达的最大限度了。在这个故事中，倒下的树的根球被这群孩子当作宇宙飞船。它同样可以被孩子们看作小屋、城堡、仙女之家或校车。自然界的物质是灵活可变的、开放性的和不确定的。这种内在的特性能够让孩子们把自己的理解和解读纳入其中。材料所具有的模糊性让它们成了激发孩子们的想象力的理想工具，这些材料会很容易地融入孩子们的游戏之中，融入孩子们所创造的故事之中。在游戏和故事中，树叶会变成金钱或药品，或者是有魔力的毯子，树枝会变成魔杖或者可以写字的笔，而青苔则可能会变成一种毛茸茸的小动物。当孩子们在户外时，他们的身边总是不会缺少丰富的道具，这些道具能够很好地用来表现孩子们各种各样的新创意和新想法。

当成人在雨天来到户外时，他们通常表现得犹豫不决。他们往往会表现得有点畏缩，只是低着头看向地面，而不是去看外面的广阔世界。当天气潮湿、寒冷或特别炎热时，他们通常会尽量减少在户外停留的时间。一般来说，孩子们往往不会做出这种反应。这个故事中的孩子们显然正在以不同的方式体验着潮湿的天气。他们会在水坑旁边跳来跳去，会注意到潮湿的秋叶上有着鲜艳的颜色，会探索泥土变成柔软且潮湿的泥巴的整个过程。对他们来说，这是非常有趣的户外的一天，他们中的许多人渴望自己可以尽可能长时间地待在户外。那么，孩子们为什么会这样做呢？

孩子们会十分自然地对天气变化和调查这些变化对他们的环境的影响感兴趣和好奇。与这些儿童一起活动的教师会把天气的变化视为儿童重要的学习机会。调查天气及其影响对孩子们来说是一项至关重要的活动，这对他们更加全面地了解自己生活的世界十分必要。因此，教师希望他们在户外的时候能有各种各样有趣的经历。教师会为这些经历制订计划，确保家长能给儿童准备好合适的衣服，以便让儿童在任何天气情况下都能保持身体的温暖和干燥。通过每天的外出，教师让孩子们可以进入多样的、复杂的世界中。孩子们开始了解和欣赏潮湿的阴雨天气、寒冷的日子、雾天和雪天。每一天都是独特的、令人兴奋的，而且可以使他们的想象游戏经历更加完整。

面包房

“这块蛋糕真漂亮。你在这上面花了好多时间。我们可以把它留给小鸟们。”

这些天，许多儿童一直在玩面包房的游戏，他们会在户外的游戏室和沙箱旁使用各种盘子和餐具器皿。他们会用沙子进行测量和搅拌，然后将这些混合的调料倒入蛋糕盘中。利亚姆用沙子把一个蛋糕平底锅填满，然后沿着边缘将表面拍得光滑而平整，嘴里还在说着："拍，拍，拍。把它拍平。"利亚姆把锅放在一张木凳上，然后向着篱笆旁的灌木丛走去。他跪在地上，安静地收集了几片不同颜色的叶子、一些树枝和一些棕色的种子。利亚姆把这些东西拿回来，小心翼翼地放在蛋糕上。就在他刚刚做完这些装饰的时候，教师宣布："现在到了把所有物品收拾整齐和把场地打扫干净的时间了。"此时，教师注意到利亚姆手上拿着蛋糕，神情看起来很沮丧。在此情况下，教师没有立刻要求利亚姆倒出沙子，把平底锅放回箱子中，而是充分地表扬和肯定了他工作细致，并建议他可以把这个可爱的蛋糕留给鸟儿们吃。她说："这块蛋糕真漂亮。你在这上面花了好多时间。我们可以把它留给小鸟们。"

在幼儿园里，几乎每一天都有人在庆祝真实或虚构的生日，或者制作特殊的假装食物或零食。假装吃饭和喂食他人这种行为常常始于非常年幼的儿童，这些儿童会与自己的看护者一起进行此类模仿活动。这种富有想象力的创造性游戏源于儿童对日常生活仪式的熟悉，儿童会与他人分享自己的经验，他们首先会与家人分享经验，然后会与同龄人和教师分享经验。在游戏中，儿童会重演这些仪式和活动，尤其是在食物和饮食方面，对孩子们来说，这些都是极为熟悉的、重要的、能让他们感到十分愉悦的内容。给孩子们做蛋糕或馅饼，或者把一顿饭菜放在桌子上，这些行为会让孩子们感到非常满意。在游戏中，孩子们会以多种方式来分享“食物”，这样一来，孩子们就可以对联系的问题产生新的认识与理解。

户外是儿童可以自由寻觅食物的地方，因此某些活动在户外展开时会显得特别有效。孩子们可以通过梳理和收集沙地上的橡子树的果实或者仔细地挑选带有香味的蜡梅叶子等方式来发现和寻找特殊的食物原料、装饰品或调味品。假装游戏会涉及多种技能，包括：解决问题、审美技能、角色扮演、精细动作技能和对话。通过这样的游戏，儿童开始亲密地了解他们所处的户外空间，会注意到一年中的微小变化，认识到树木和花朵所具有的特殊形状和气味，并能在这个特殊的世界里获得像在自己的家中一样的特别感觉。

利亚姆在装饰蛋糕时表现得格外专注和投入，并能够做出谨慎的选择。在游戏中，利亚姆全神贯注，而且显得很开心。然而，教师要求大家开始收拾和清理的召唤声让他突然感到一些沮丧。利亚姆对于不得不放弃自己的项目和中断自己的工作感到失望并情绪低落。观察敏锐的教师立刻注意到了他的痛苦和忧虑，并且能够深入地了解和感受他为什么会感到不高兴。正因为她能够仔细地观察儿童的行为并能够恰当地进行回应，所以她就可以灵活地思考和处理她关于要求孩子们把所有的东西都收拾起来这一指示，并且能够设想出一个对利亚姆来说可能会产生更加良好的感觉的解决方案。她建议利亚姆不要扔掉这个漂亮的蛋糕，可以试着和鸟儿们一起分享蛋糕。这是一个关于教师做出艰难的判断和精彩的选择的例子，这个例子也提醒教师必须长时间地和孩子们待在一起。教师们必须对日程安排、课程内容、材料和管理等许多优先事项进行权衡，同时充分尊重儿童的需求和敏感度。

提示和讨论

想一想，是什么让想象游戏成了儿童早期发展中的重要组成部分？你会如何支持户外环境下的想象游戏呢？

这个故事中的教师既能敏锐地观察，又能灵活地变通。她能够有效地扩展自己对于“清理”这一概念的充分理解，并以此种方式恰当地回应利亚姆想要保存自己作品的迫切需求。

指标3：儿童会进行各种探索和实验，会尝试以新的方式来做事情，会以新颖的和原创的方式使用与组合各种不同的材料

鲨鱼

“我要把这条鲨鱼变成一只猫咪。”

塔里克一直在户外的沙桌旁挖掘暗红色的沙子。他用勺子舀沙子并把量杯装满，然后把沙子倒在塑料海洋动物身上来“埋葬”它们。他从桌上的一排动物中挑选出一条鲨鱼，仔细观察，观察鲨鱼那宽大的嘴巴、锋利的针状牙齿和弯曲的尾巴，并用手转动它。在认真研究后，他把鲨鱼带到附近的桌子上，那里有各种颜料、刷子和水。塔里克用一把长刷子蘸上鲜红的颜料，小心地刷在鲨鱼的身上，他坚定地表示，自己要“把这条鲨鱼变成一只猫咪”。

大自然为孩子们塑造出各种各样可能的新组合，为孩子们提供各种变化着的例子并引起他们的注意。落在池塘里的黄叶会产生意想不到的倒影。落在花盆里的橡子会发芽生长，会按着自己的意愿长大并成长为一棵小橡树。沙子不断地吹过小路，会慢慢地改变小路的质地和结构。供小鸟洗澡的水盆的表面会在天气很冷时冻结成冰。当孩子们获得了自己去组合材料或者将材料从一个活动区转移到另一个活动区的许可时，他们自然就会探寻到各种各样的新可能并且萌发新的想法。户外活动有助于儿童根据自己的想法随意移动物体，这将有助于儿童发展自身的创造能力。通过将鲨鱼从玩沙桌带到颜料绘画区，塔里克就能以一种新颖的方式重新组织环境中的元素，并由此产生一个新的想法。由于获得了颜料的支持，他就可以把鲨鱼转变成任何一种他想象到的物体。而这样一种充满创造力和戏剧色彩的转变，更有可能发生在那些允许孩子们自由探索及支持他们重组和重新想象他们世界中的各种元素的环境背景之中。

这个故事向我们表明，关键之处在于成人应学会如何看待孩子们对不同空间的使用，而不在于孩子们会如何体验这些不同的空间。无论在室内的还是户外的空间或中心，教师都需要对它们进行适当的规划和装备，都需要考虑到特定类型的活动或项目。教师可以对户外的沙池、玩沙桌和沙盘进行规划和创设，这样就可以支持儿童的挖掘、倾倒、掩埋和重新发现新事物等行为，同时支持儿童创造出新故事，支持儿童与玩具或其他物体进行互动和交流。塔里克的故事说明，孩子们完全能够以更加流畅的方式来理解他们所在的空间。他们常常希望自己能想出一个好点子，然后付诸实践。塔里克拥有充足的机会让自己的行动遵循自己的想法，他可以将鲨鱼从玩沙桌转移到另外一个区域，在那里会有材料来支持他的想法。塔里克并不认为在玩沙桌和颜料绘画区之间会有任何清晰的界限。塔里克的老师鼓励孩子们在各个活动区之间进行移动，允许孩子们根据自己的想法在时空中自在地穿梭。可以说，当你允许儿童以新颖和富有表现力的方式去组合材料时，你就会有力地支持他们发明、创造和想象。通过让儿童知道他们在需要的时候就可以随时拿到自己想要的材料和工具并且知道应该把材料和工具归还到哪里，教师就可以在促进和推动儿童这方面的发展上发挥出良好的作用。

花园仙女

“如果我们给它一些水，它就会回馈给我们蓝莓。”

仙女服装在这群女孩中很受欢迎。在这个阳光明媚的春日，她们跑到外面，把衣服从服装盒里拿出来，仔细检查，并互相帮助彼此挑选出最漂亮的一件服装。她们把裙子套在短裤和衬衫上，然后把它们系在身体的后面。有些女孩还把仙女的翅膀附着在胳膊上。然后她们就跑出去玩了。两个女孩选择共用一辆三轮车，另一个女孩跑上了山坡，艾娃和塞拉一起“飞”到了沙地上。她们俩抓起两个水罐，用水泵将水罐灌满。然后她们慢慢地向前走，以免水泼洒出来，最后她们一起来到一个荫凉处并开始给一丛蓝莓苗浇水。

服装是有用的道具，可以帮助儿童扮演不同的生活角色。通过扮演生活中的角色或扮演虚构的角色，孩子们可以尝试着体验和经历那些不同于自己原有的生活角色的各种情感、行为和反应。通过在各种环境中运用这些他们所选择的情绪和行为，孩子们就可以不断地扩展和丰富自己的技能和反应体系。当服装被限定在只可以在舞台上或化妆区中才能使用时，孩子们的发展机会就会被局限在那里。如果所有的户外活动都支持孩子们用服装来打扮自己时，那么孩子们就可以通过另一个人的视角与此时此地的方方面面联系起来，就能够充分地展开他们的想象力，从而能够从这个新的角度来发展新的想法和对话。假装游戏可以让孩子们以全新的、不同的方式融入社会，从而进行新的学习。知道怎样做会让自己更像一个照料花园的仙女，或者让自己像鸟妈妈尝试着保护分散在草地各处的幼鸟，或者让自己像一名警察一样阻拦来来往往的车辆，这些方式都可以帮助幼儿一步步地了解与预测他人和自己的行动、动机以及各种行为。在这个故事中，艾娃和塞拉在一起玩耍，她们假装自己就是仙女。当她们扮演着自己创造出的角色时，她们会相互交谈，相互微笑。在这种情况和背景之下，她们可以充分地享受彼此之间的陪伴，尽管这两个女孩平时并不经常在一起玩。在平时，艾娃有时会表现出对其他小朋友的不耐烦，会更加愿意按自己的方式去做事。而塞拉则很安静，她还在学习和练习英语。她经常一个人玩。她还不能很好地理解其他孩子正在遵循的规则，也不确定自己应该如何寻求帮助。而一旦拥有了像“仙女”这样的一个神奇角色，那么，这一角色就会强烈地引导塞拉进行相应的表演和表现，也就是说，“仙女”这一角色会让她明白此刻自己应该做什么和应该说什么。于是，在游戏中，塞拉可以让自己放松下来，享受与艾娃在一起玩耍的快乐。我们看到，按照剧本的安排，扮演好其中一个角色也会帮助艾娃不断地

> **提示和讨论**
>
> 你需要建立什么样的组织结构和活动流程以让孩子们能够从事和参与到充满创造性的、重要的、有时看起来似乎有点混乱的工作之中呢？什么样的组织结构和活动流程可以让儿童寻找材料的工作和清理物品的工作变得更加易于管理呢？

练习和发展自己的社交技能，并且可以让艾娃和同伴共同分享和感受游戏本身所蕴藏和带来的领导地位和领导才干。这两个女孩之间存在着一种密切的联系，而这一联系会因为她们都按照角色需要而穿上了相应的服装这一事实而得以加强和巩固。

假装角色可以为孩子们提供一个强有力的环境，让他们尝试着与那些和他们有着同样的兴趣但不确定该如何做的同伴建立密切的联系。当儿童被允许变成另一个人时，他们就可以改变和扩展自身的经历和经验。通过分享同一个梦想，孩子们就成了同一个群体中的一个部分，大家需要共同创造和遵循游戏中的规则。通过设计和扮演各类故事，儿童会发现他们彼此之间的交流和沟通会变得更加容易和顺畅。

进一步反思

应用想象力、发明和创造力的标准会如何影响你的户外教学？

本章以托马斯·爱迪生的一句话作为开头，爱迪生认为创造力、想象力和环境之间存在着密切的关系。在生活中，一个人仅仅依靠聪明和好奇心是不够的。如果孩子们想要拥有创造力，那么他们就需要动脑筋去思考问题，需要动手操作，需要实际参与到相应的活动和事件中。儿童在室内外都可以接触到的那些材料对于他们发展自身的想象力具有重要的影响。

在成人往其中添加其他任何东西之前，户外就已经是一个极好的学习空间了。自然世界中有无数的物体和丰富的材料，能够充分地激发儿童的想象力。自然世界充满了孩子们可以探索发现和操作摆弄的各种开放性材料，包括石头、叶子、豆荚、花朵、树枝、松果和植物的茎。孩子们可以从这些开放性材料中得到启发，进一步弄清楚自己能够用这些物品来做什么。当孩子们能够探索、实验和尝试用不同的方式对待各种物品和材料时，他们的创造力就会得到培养和增强。

大自然提供的材料是灵活和开放的，儿童可以根据自己的喜好和创意以多种多样的方式进行组合。既然已经有了这么多关于想象力的提示，那么教师就必须仔细地观察和认真地思考需要添加哪些具体和独特的物品，从而进一步丰富和支持那些已经发生的事情。无论是添加水桶、铲子、放大镜、指南类的图书、大积木、服装，还是颜料和刷子，这些都取决于教师对孩子们每天在户外所做的工作和游戏中所需物品的评估和判断。

除了有孩子们可以触摸和与之互动的物体之外，户外还有其他许多有趣的物体可以让孩子们观看并引发他们的好奇心：云朵穿越天空时产生的让人意想不到的阴影，鸟儿在树枝间飞来飞去，尺蠖会突然出现在你眼前的一根丝线上，蜘蛛在蜘蛛网上捕捉猎物时的戏剧性的画面。户外有太多的东西可供孩子们探索，而且其中很多东西的背后包含着大量的、令人感到疑惑和惊叹的故事。比如，“当蚂蚁在岩石下面时，它会爬到哪里去？它在那里做什么？它会回来吗？它有家人吗？它会吃什么呢？”“那只嘴里叼着根小树枝的鸟在干什么呢？为什么它总是在灌木丛和那棵树之间来回穿梭？”“为什么雨后的小路上会有一个水坑？”在户外的背景下，大量类似的故事一直在上演着。它们为每个儿童产生和展开自己的故事、假装游戏、虚幻的行为、角色扮演和创造性的发明提供了一个额外的维度和空间。

在平时，我们给了孩子们太多的答案，但是我们忘记了，我们更应该给他们的是那些有待解决的问题。

——罗杰·刘易斯（Roger Lewis）

第五章

推理和解决问题的标准

推理和解决问题是西方社会和早期儿童课程中人们高度重视的学习行为和学习能力。许多人工制造的材料（如古氏积木和其他各种质地的积木），都是为早期儿童教育机构发展和提高儿童的推理和解决问题能力而专门制作的。与其他一些标准相比，教师可能会更熟悉儿童推理和解决问题方面的能力与标准，其原因在于，在正规和正式的课程中，人们对儿童这方面的学习有着更具体和全面的要求。

但是，对于特定材料的关注有可能会分散教师的注意力，使他们无法意识到解决问题是儿童的一种正常需要和自然模式。事实上，儿童一直在参与解决问题的各个方面。儿童每时每刻都在忙着运用各种解决问题的技能与策略来解决自己面临的问题。如果了解到这一点，你就可以通过为孩子们提供开放性材料以及探索这些材料的时间来支持他们提升自身的学习能力。

较长的不受打扰的时间可以为儿童提供深入探索的机会，并能让他们在处理自己的工作时顺畅和充分地与他人进行交谈和交流。充足的时间、开放性材料和友好的对话是有效地达到该标准的必要条件。自然世界提供了满足这些条件的绝佳机会。因此，如果安排充足的户外时间让儿童进入一个理想的环境中，那么，他们就能够在这一环境中不断地促进自身的推理和解决问题的能力的发展。

概述

为什么推理和解决问题的标准对于儿童的健康发展十分重要？

人类经验的核心就是解决问题，它是一切学习的基础，也是儿童感知世界，进而理解世界、影响世界和管理世界的一种方式。因此，解决问题能力对儿童的发展至关重要。从幼儿时期开始，儿童就不断地积累各种策略，进而熟悉和使用各种工具；他们能够利用这些策略和工具来调查问题，了解事物是如何运作的，构建各种结构，同时开始试着与他人进行交流和合作。正因为儿童需要完成自身所面临的各种任务，所以我们很容易就能看出和意识到，为儿童提供大量的机会来支持他们练习和完善自身解决问题的技能与策略是何等重要。通过这一做法，儿童就能够不断加强和巩固现有的技能和策略，同时开发出新的技能和策略。

开放式的项目允许儿童尝试不同的策略，评估活动的结果，并根据这些结果做出相应的推论和判断，再进一步完善自己解决问题的方法。儿童通过学习可以不断地确认用哪一种方法应对他们当前正在试图解决的问题最有效。儿童会逐渐了解，在社交场合中试错法确实远不如采用协作和讨论的方法，但是当他们试图理解什么物体会浮在水面上时，试错法就显得非常有效了。儿童也会了解和认识到，排列和分类并不能帮助他们更好地理解螳螂的行为，但是这一方法在帮助他们了解各种岩石和矿物具有哪些特性方面会发挥很好的作用。如果儿童开发出的策略或工具越多，并且能不断地把它们添加到自己的“工具包”中，那么他们在遇到新问题时就更有可能去解决各种问题和应对各类困境。

推理是一种对信息和经验进行批判性或分析性思考的能力。因此，我们很难把推理与解决问题清晰地区分开，而且我们发现在解决问题的过程中也自然会涉及判断、逻辑推理和决策的实际应用。这两者是交织在一起的，在实际生活中，人们很难决定究竟应该优先考虑哪一个。当儿童开始识别问题、选择并应用策略、评估结果、完善问题并重新开始时，推理和解决问题这两者就会在螺旋上升式的行动方式中相互支持。通过一次又一次的迭代，会持续地提高他们的理解水平和应用工具的能力。

推理需要从已知或假设的事实中得出新的推论或结论，而解决问题实际上就是许多不同的过程和策略的总称。这个过程包括各种内容，如尝试和试错（猜测和检查）、分解任务、攻克难题、头脑风暴、研究、类比、测试假设、寻找模式、画图、制作模型和提出问题等。确定这些具体的行动可以清楚地表明，在那些儿童可以积极探索并有机会自己做出选择和决定的地方，儿童的解决问题能力会逐渐地发展起来。也就是说，当儿童对他们正在做的事情能够真正地产生兴趣时，他们的解决问题能力就会自然而然地萌发和生长。

与实践相关的思考

各个州和国家级的早期儿童组织是如何对推理和解决问题的能力进行分类的呢？

许多州将推理和解决问题能力纳入早期阶段儿童的学习标准之中，将其单独或合并列出。我们看到，在一些州的标准中，常常会把标准本身重复一遍，这样的一种做法和语言表述方式既不能成为推理和解决问题的证据，也无法让教师搜寻到与某种具体的行为相关联的语言描述。例如，某个州的标准可能会用这样的方式来表述相关定义，即认为“解决问题的能力就是一种寻求问题的解决方法的能力”，我们可以明显地看出，这样的标准既没有定义问题本身，也没有向我们描述出：如果一个儿童能够成功地寻求解决问题的方案，那么我们将会看到什么。这使得教师很难借助这些标准来支持儿童。因此，我们最需要的就是适宜的例子，这些例子可以明确地定义相关行为，这样一来，我们就可以通过具体的行为表现来清楚地认识和理解标准。本章中提出的指标恰恰能够提供这样的例子，可以有效地为教师观察提供支持。

对标准的应用

哪些可观察到的行为或指标可以用来判断儿童是否达到了推理和解决问题的标准？

在制定出一系列相关指标的过程中，我们仔细研究了国家标准的语言、具体内容和背后的意义，并努力将其转化为具体的行为术语，这样，教师就可以使用这些术语来观察儿童如何通过工作和游戏来调查和探索周围的世界。本章中的指标说明了儿童在推理和解决问题时运用的有效策略或行动计划。通过实践和经验的积累，随着时间的推移，儿童会逐渐更加熟练地运用这些策略解决问题。

当教师提供充满开放性的问题和儿童感兴趣的问题时，那么，教师所做的事情恰恰就是儿童当前所需要的，这将有助于儿童与相关的标准进行有效互动。在这种情况下，户外就是教育者的一个特别有力的合作伙伴，因为它充满了变化、神秘和有趣的材料供儿童进行探索和发现。

综合参考各个州的标准，围绕3—5岁儿童推理与解决问题能力的发展，我们概括出4条行为指标：

1. 儿童能够积极地探索环境，并确定有意义的问题；
2. 儿童在回答问题和遇到困境时能够提出不止一种方法或解决方案；
3. 儿童能够运用诸如试错、比较、整理、分类和重新组织等策略来理解和寻找解决方案；
4. 儿童能够在探究问题和调查的过程中进行讨论、咨询以及与其他同伴和成人合作。

体验推理和解决问题的户外指标

指标1：儿童能够积极地探索环境，并确定有意义的问题

石头人

“我的口袋里有很多石头……这些石头重得几乎要把我的裤子拉下来了！我在那里找到了它们。我有一块黑色的石头。看一看这块石头。它看起来像一个长方形。它有三个平面，它的底部凹凸不平。在我的房间里有一个特别的地方，我把自己找到的所有石头都放在那里了。我用其中一块石头挖了一个坑，把所有石头都埋在了那里。看看这一块！它的里面有粉色、橙色和绿色。快看！这里还有一个洞，在洞的外边有一些绿色的东西。让我来试一下，看我能不能把这块石头再放回洞里。……我想我现在还不能马上就把它装回去。”

伊桑在下午大部分的时间里不停地挖石头。他一直在收集自己喜爱的物体，并把它们放进口袋里。突然，他发现一块玫

瑰石英石的尖端露出地面了。于是，他用另一块石头的尖端轻轻地把玫瑰石英石撬了出来，动作十分小心，尽量不破坏原来的洞。伊桑把石英石举向太阳的方向，看到它的中间长着一圈苔藓。他回头看了看那个洞，发现洞的边缘也有同样的苔藓。伊桑在岩石和洞之间来回地查看，用很大的声音自言自语——他很想知道，自己是否能够把石头再次放回洞里，让它变成他刚开始发现这块石头时的样子。他蹲下身子，努力地把石头塞回其原来所在的洞里，但是他发现，现在这块石头已经很难再回到它原来的位置了。

岩石和洞穴本来就是一组十分完美的结合，伊桑认为不能将岩石顺利地放回它原来的位置是一件难以想象的事情。毕竟，我们都知道，一块木制拼图可以被很容易地从谱图的底板中取出来，也会被很容易地放回原来的位置。然而，与木制拼图不一样的地方在于，自然界中的材料总是会随着作用在它们身上的力的变化而发生改变。由于置换和移动了岩石，伊桑便破坏了随着时间的推移而形成的那种完美组合。岩石和洞穴再也不能像以前那样重聚在一起了。这一经历可以让伊桑有机会了解到自己的行为将对环境产生直接的影响。由于他到了那里，世界变得和以往不一样了。而其他孩子也会像伊桑那样在特别的时刻产生同样的强烈感受，例如，当孩子们在阳光下忽然注意到自己的影子并开始和自己的影子一起玩游戏时，或者当他们故意在泥地上面留下自己的脚印时。通过这些方式，大自然就能够为孩子们提供机会，让他们在自然世界中留下自己的印记，让他们能够看见世界是如何随着他们的行动而发生变化的。自然世界中的这一切让孩子们感到兴奋，也为他们带来了各种重要的知识，让他们知道自己存在于这个世界中，也让他们知道自己正在影响着这个世界。

伊桑一直在全神贯注地寻找岩石。当他找到岩石时，他会仔细地进行检查，并把它们放在手里。他对石头的颜色、形状、大小和重量等细节进行了评估。他把它们进行了分类，把灰色的砾石和含有石英的石头区分开。他不时地把自己最喜欢的一些石头放进口袋带回家，并解释：在他的床边的架子旁有一个特别的岩石收藏处。他有一点害羞，咯咯地笑着说："我的口袋里有很多石头……这些石头重得几乎要把我的裤子拉下来了！"伊桑对石头的迷恋使他能够看到石头上的图案、石头之间的相似之处和不同之处，他会在游乐场上进行探索以确定在哪个地方最有可能寻找到各种岩石，同时预测出在哪个地方最有可能找到哪种岩石。他专注于岩石本身，还十分偶然地发现了一块由玫瑰石英石构成的有趣的、让人产生许多困惑的石头。他认为自己如果足够小心，那么就可以把它从地里挖出来，然后再把石头像以前一样放回去。经过进一步的调查和探索，他发现事实并非如此，于是他便进一步地想知道为什么会这样。对伊桑来说，他需要有更多的实践经验和更多的时间来支持他解决自己刚刚开启的有趣的话题。

胡萝卜

"看！这是一根去年的胡萝卜。它的上面有一条很大的裂缝！"

这是春天里刚开始温暖起来的一天，孩子们刚在外面吃完午饭。在完成午餐后的清理工作后，几个孩子开始在菜园的苗床上收集地面上的常春藤。他们把杯状的叶子收集成花束，送给彼此，也给来得比较早的接孩子的家长送了一些。在工作时，他们中的一些人谈论到了花园。阿梅莉亚提到，去年他们曾经在这个苗床上种植和收获过胡萝卜。当她摘下深色的、圆形的常春藤叶子时，她忽然看到了一根完全不同的淡绿色的、软绵绵的小枝条。她把它捡起来，拿给卡莉和菲恩看，说："这是胡萝卜！"于是，他们都开始在树叶下面仔细地寻找，希望能找到更多的胡萝卜。最后，他们发现了一些经历过寒冬幸存下来的胡萝卜，这些胡萝卜的上面还有几片脆弱的叶子。这些叶子中的大多数已经处于脱落状态。但是，阿梅莉亚还是很小心地拽动叶子，最终从地里面拔出了一根橙色的小胡萝卜。

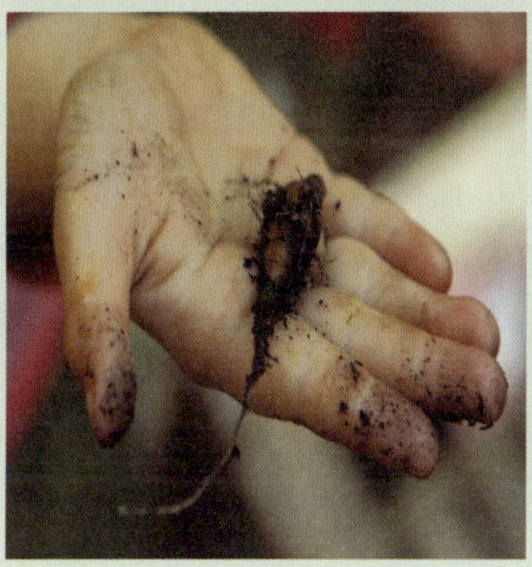

大自然中充满了孩子们可以调查的各种东西。大自然也在持续不断地发生变化，提供新的事物让人们去进行探索和发现。在这个故事中，孩子们的调查显示，在去年种植胡萝卜的苗床上长满了常春藤。于是孩子们便产生了一个新的问题：他们记忆中的那些曾经的胡萝卜现在怎么样了？在寻找这个问题的答案的过程中，他们又有了一个新的发现。他们惊奇地发现，在地面覆盖物的下面，一些胡萝卜的叶子正在生长。这一发现引发了另一个新问题：地下会有胡萝卜吗？这个故事向我们表明，孩子们是如何靠自己的力量设计出新问题的，他们是如何一步步地激发出自己的内驱力的。通过这个故事可以清晰地看出，户外环境在积极鼓励孩子们自己提出问题和回答问题方面发挥了独特的作用。

在户外，孩子们会不断地遇到和面对一些非常有趣的事件，而这些事件并不在成人的计划之中。例如，花园的苗床变成了常春藤的苗床。那么，这一切是怎么发生的呢？这意味着什么呢？胡萝卜还在那里吗？胡萝卜在哪里？这种独立探索和调查环境的想法与意愿强烈地支持着儿童发展自身的推理能力和解决问题能力。这个故事也向人们表明，自然世界和它的许多奥秘可以积极地鼓励和支持儿童进行探索和思考，而这样自发的探索行为并不在教师的预先计划之中。

这个故事中，孩子们在户外感到很自在，有宾至如归的感觉，他们表达出了自己对校园的热爱和一种强烈的归属感。这种感到舒适和非常熟悉的感觉可以支持孩子们独立地去调查和行动，他们会采摘地上的常春藤，会制作花束，还会把这些物品赠送给自己的朋友和父母。他们的老师根据自己的设想创造出了一个支持孩子们担负责任和自给自足的环境背景。这个环境能为孩子们提供各种有趣的物品、材料和活动。其结果就是，阿梅莉亚、卡莉和菲恩能够提出并开始研究一些有趣的问题，这些问题源自他们自己的经历、兴趣和对这个地方的记忆。胡萝卜就是他们在这一过程中获得的一份礼物。这使他们能够将一年前在花园里所做的事情的记忆和理解与今天他们在花园里的经历自然地联系起来。

提示和讨论

在为幼儿安排日常活动时，哪些因素会对户外活动产生长时间和不间断的影响？

指标2：儿童在回答问题和遇到困境时能够提出不止一种方法或解决方案

雪球

“它太蓬松了，还不能做雪球。这不是堆雪人。当你把它扔出去时，它就会散开。”

玛迪逊以前很少有机会看到下雪，因此，她对这个在她看来十分罕见的事件感到十分兴奋。当她到达学校时，雪下得很大，她非常渴望到户外进行探索。玛迪逊从地上抓起了一大把雪，试图用戴着手套的手把它包裹起来。“它太蓬松了，还不能做雪球。这不是堆雪人。当你把它扔出去时，它就会散开。”由于无法让雪聚集在一起，于是她走到了存放大积木的储物箱前，用勺子舀起木质箱顶部的雪。但是，雪还是难以紧紧地结合在一起，于是她再一次移动脚步来到了户外沙箱周围的木头旁边。最后，她还是回到了户外的大型积木旁边，那里的雪在阳光的照射下正在慢慢融化。当她用勺子舀脚下的雪时，她说：“看，这里有一种不一样的雪。”她弯下腰仔细查看，然后以实事求是和就事论事的方式进行了评述：“看呀，如果闻一闻地面，你就会发现它确实有一种不同的气味。”当她再次抓起雪时，她就已经可以把雪压缩成一个小雪球了。她尽可能地把这个雪球包得紧紧的，然后把它扔向了旁边的一根木柱。

在许多地区，雪是一种丰富而免费的冬季教育材料。它为孩子们提供了各种各样的机会，如挖掘、包裹、雕刻和探索其独特的属性等。当然，这些独特的属性会有所变化，这取决于具体的天气、降雪的地点、降雪的时长以及雪是否有机会融化或冻结，此外还有十分重要的一点，那就是最初降下来的雪是什么类型的。在这个故事中，玛迪逊正在仔细地区分她在院子里不同的位置发现的雪的属性。在这个过程中，她获得了大量的关于雪的知识。

孩子们是敏锐的观察者，他们能够用自己所有的感官来接收信息。有时他们观察和注意到的细节令成人十分惊叹。我们应该鼓励孩子们自己去动手，在他们自己动手的过程中，他们会不断地进行对比，会询问原因，会猜想答案，还会对答案进行测试和验证。通过观察孩子们使用像雪这样的有趣的材料，我们就可以了解孩子们理解了什么，以及他们正在想什么。

玛迪逊有着强烈的动机自己做一个雪球。她感兴趣的问题是如何找到可以挤压在一起的雪。通过自己的第一手经验，她发现自己眼前的这种雪很难被压紧在一起。她似乎也知道雪的这种属性是暂时的，雪在不同的地方所表现出来的属性是不同的，并且会随着时间的推移而发生变化。这一知识促使她开始探索院子里的不同区域，尝试着对不同区域的雪进行测试。她的老师给了她充足的时间和空间，让她能够独立自主地进行这项调查，允许她自己提出问题并自己回答问题。通过尝试各种不同的方法，玛迪逊最终解决了她的问题和困惑，找到了可以做出雪球的雪。通常情况下，一些成人会单方面地介入并且会帮着孩子们解决这些问题，或者会单方面地给他们提供一些没有必要的帮助和建议。在这个故事中，玛迪逊能够依靠自己的力量独自设计出多种方法来较好地解决自己的问题和面临的困境。她的故事也向我们表明，当孩子们真正地对他们正在调查的问题产生浓厚的兴趣时，他们是多么认真和执着。

小溪上的漂浮物

"看！它成功了！它漂起来了！"

这些4岁的孩子在他们的沙地上建起了一个水泵。水流从沙地里流出来，最初流到一条由水泥砌成的"小溪"中，然后从桥下流入一个小的雨水花园中。在这个炎热的初夏，许多孩子都被水流吸引住了。他们把树枝和树叶扔进小溪，当它们漂到桥下的另一边时，他们就会跟着一起走。这群孩子在水边兴奋地嬉戏。3个一直在一旁做沙饼的女孩受到了这群孩子的影响，于是也加入了游戏，并且把一些新鲜的绿叶放到水流中。在接下来的15分钟里，7个孩子在操场上用不同的自然物品进行实验，看看哪些物品会漂浮，哪些物品会下沉。在调查的过程中，他们相互分享着自己的观察结果和想到的问题。一个名叫奥马尔的孩子也在一旁仔细地观

察着他们。奥马尔沿着小溪向前走了好多路，他想自己去做实验。他从一棵紫荆树上收集了一些叶子、树枝和豆荚，把它们一个接一个地扔到水里，然后开始专心地观察这些物品会有怎样的变化。

很多儿童的学习会被一些成人称为“胡乱摆弄”或“瞎胡来”，而这正是一种开放性的学习方式，而这种开放性也是户外游戏的一个显著特点。在这个故事中，这些儿童正在进行一项自我指导式的科学研究活动，这项研究活动是在他们的老师完全没有规划的情况下发生的。孩子们最初产生的仅仅是一种想要接触和靠近水流的兴趣，稍后这种兴趣便开始悄无声息、天衣无缝地生长和发展起来。孩子们居然花费了大量的时间来从事这种看似“简单”的探索活动，比如他们会让树枝等物品漂浮在水面上，他们以自己特有的方式来对水的特性和材料的自然属性等复杂的概念进行探索和学习。

这样的一种探索包括多项内容，孩子们会尝试着用不同的方式做事并且设计出不同的解决问题的方法。例如，孩子们会发现一块鹅卵石不会漂浮起来，于是他们可能就此进行实验，把它放在能漂浮的东西上，也会把鹅卵石替换为其他物品，如树皮、松针或一片大的树叶。或者，一个孩子也可能会花10分钟的时间独自观察一片漂浮着的树叶，会仔细观察它漂得快还是慢，会漂向何处，最后漂到哪里。这种游戏有着无穷的乐趣和魅力。此外，这些探索活动也会有助于孩子们不断深入地理解世界中的那些物理学和力学现象。

奥马尔最初只是小溪周边这场热闹的活动的旁观者。他对这群同龄人正在做的事情非常感兴趣，一直密切地注视着他们。他一开始并没有接触那些材料，而只是在一旁静静地观察。后来，他来到了小溪边的另一个地方，重复做了他所看到的大孩子们刚才已经做过的事情。他把自己收集到的不同材料一个接着一个地放入水中，想看一看它们是否会漂浮起来。他看着这些材料沿着小溪往下流，同时仔细地观察它们在水中的情形。他能够选择在不同的地方做实验来进行测试，还试着把一块泥土放置在一片叶子之上。通过这一系列的实验，奥马尔就能够针对自己所提出的问题找出相应的答案，即哪些材料能够漂浮起来，哪些 材料不能够漂浮起来。

提示和讨论

儿童是如何参与到对各种自然现象（如重力、水流、融化和冻结等）的探索过程中的呢？如何鼓励儿童寻求各种方法和解决方案呢？你会如何支持儿童对自然现象进行探索呢？

指标3：儿童能够运用诸如试错、比较、整理、分类和重新组织等策略来理解和寻找解决方案

三个老土豆

“我在这里发现了一个土豆。”

“这个是石头吗？”

“让我们再检查一下。”

孩子们正在去年曾经种植过土豆的一块苗床上除杂草，为明天种植新土豆的活动做准备。特雷尔从土里挖出了一个又圆又硬的东西，他很想知道这个东西究竟是什么。教师建议他们可以用工具轻轻地敲打这个物体的侧面，看看这是不是一块石头。当孩子们发现这个物体并不像石头那么硬时，教师就问孩子们：“你们觉得这会是什么呢？”“土豆？！”孩子们一起喊。在发现了这个土豆后，他们又继续在苗床上进行探索，期望发现更多的物体，并试着用同样的方式来测试自己找到的物体是不是一块石头。通过这种方法，孩子们又找到了

两个去年的老土豆。当大家完成了苗床的清理工作后，孩子们就陆陆续续地把自己的工具收了起来，大部分人去做其他事情了。然而，特雷尔和马库斯留了下来。他们把找到的三个土豆按照从小到大的顺序放在一块景观木头上。他们还试着用手指按压土豆，发现有两个土豆很硬，而另外一个土豆很软。当有一个孩子用手指挤压最软的土豆，而那个土豆在压力作用下忽然滚落到一边时，大家一起发出了"喔！"的一声。

在户外环境下，孩子们可以更好地应用试错、比较、排序、分类和组织等学习策略。在户外，孩子们经常会遇到一个有趣的物体或现象，并想对它有更多的了解。例如，这些圆形、棕色的物体究竟是石头、土豆还是其他东西？因此，我们看到，对孩子们来说这确实就是一个意外的发现，完全没有现成的脚本告诉孩子们将会发现什么。教师根据自己对石头和土豆的理解做出了一个假设，并建议孩子们用铲子去敲击这个物体，看看它有多么坚硬。这种尝试错误式的调查方法是孩子们可以理解和接受的，于是，他们即刻开始了新的忙碌。

一旦通过反复试验确定这就是土豆，孩子们就会开始识别第二个变量，并且能够将土豆按照从小到大的顺序排列起来。在用这种方式处理土豆的过程中，孩子们意识到最大的一个土豆与其他的土豆比起来是多么柔软。于是，他们就想试着把这个土豆压扁，看看会发生什么。除了在刚开始时建议孩子们用铲子敲击物体之外，教师没有对孩子们进行任何直接的指导，这样一来，孩子们就可以在自己进行有意义的推理和解决问题的过程中自觉地应用我们在指标体系中所提到的各种策略。

孩子们对他们所处环境中物体的质量和属性会非常感兴趣。孩子们会通过颜色、大小和形状等基本特征来识别和区分物体。在这个故事中，特雷尔和马库斯对他们在土豆苗床上发现物体的属性进行了探索，期望对它们能有更加深入的了解。在这样一个对他们来说十分重要的面向现实生活的背景下，他们很自然地运用了比较、排序和分类等策略和技能。他们有着内在的动机和强大的内驱力，能够运用所有的力量进行探寻和发现。在这个过程中，教师没有给他们布置某个特定的任务。他们自己设定了任务，并把这个任务当作一项正在进行着的调查和长期项目中的一个组成部分，而且他们会和自己的同伴在长达几个月的时间里一直持续地开展相关研究（见第三章中的案例《土豆的故事》）。当孩子们能够参与到此类长期项目中时，他们借助于各类社区活动而建立起来的这种期望（有新的发现和开展新的探究）就会显得更加强烈。他们对土豆（以及其他许多东西）的了解程度将会在项目的探索期间呈现指数级别的高速增长，从而获得无穷无尽的机会来帮助他们完善自己的推理能力和解决问题的能力，而且这些能力不仅会在项目的内部得以呈现和展示，也会自然地迁移和扩展到项目的外部。

毛茛花

米歇尔想知道："它们都一样吗？"

米歇尔和另外三个女孩坐在草地上。这三个女孩正在一起互相交谈，完全没有注意到她。几分钟后，米歇尔注意到远处的草地上有一些黄色的小花，于是她就走过去调查。米歇尔俯下身体，非常仔细地观察这个季节中盛开的第一批毛茛花。在研究完它们后，她摘下一朵花，站了起来，把这朵花紧贴在自己的脸上，闻了闻花的味道。稍后，她弯下腰，又摘了几朵花，放在手里进行查看，并开始数花瓣的数量，还对这几朵花进行比较。

当孩子们能有机会近距离地仔细观察小草和草地时，这些小草和草地就能够为他们提供无数的细节和秘密。三叶草有着圆形的叶子，春天里的草地上盛开着朵朵野花，小草高高地冒了上来，蒲公英在草丛中生长，我们看到，这些植物以特有的方式来吸引人们的关注，向孩子们招手示意。如果一段时间内人们没有去修剪草坪，那么这块草坪很可能就会变成一个宝库。如果我们把一小块或一大片的草坪变成这样的草地，那么我们就会发现这里花朵和种子的颜色会变得更加丰富多彩，会吸引更多的授粉昆虫来此吸食花粉和花蜜，也会给人们带来更多的趣味。蝴蝶很快就会赶过来继续丰富这个场景，鸟儿也会出现在这里。所有这些来自大自然的馈赠仿佛是在邀请人们一起参与到那些类似于米歇尔所做的调查活动之中。这些活动是安静的，让人反思、感到惬意，而且充满趣味。当一个儿童有机会进行这样的探索时，他就会开始问自己这样的问题：这是什么？还有什么与它类似？哪一个更大？我能找到多少类似的物体呢？

一开始，米歇尔觉得自己被排除在小伙伴的群体外了。当她的思绪开始纷飞时，她的眼睛扫视着周围的草地，她注意到远处的草地上有一片亮黄色的花。因为她当时正处在户外，所以她可以立刻站起身来离开团队，能够跟随自己的兴趣来行动，从而以一种积极主动的方式让自己感到舒适。通过调查这些花，她把自己从一个让她无法感受到成功且难以感到满意的社会环境和状态中解脱出来了。取而代之的是，她开始进行了一项她感兴趣的智力调查活动，一项能够让她感受到成功和喜悦的调查活动。虽然这样做的目的是为了远离其他女孩，但她的行为很有可能会让其他女孩对她的调查活动感兴趣，从而用这种方式来有效地帮助自己改善与她们之间的联系。当我们借助标准来讨论儿童的解决问题能力时，我们看到，这一方式的确没有直接应对相关社会问题的解决方面，但是，我们可以清楚地看到，社会发展和智力发展密切相关，而且经常会重叠和交织在一起。米歇尔通过发展与智力相关的好奇心和求知欲的方式来应对自己正面临的社会交往方面的挑战和困境，可以说，米歇尔以自己独特的方式展示了自己在现实生活中的解决问题能力，而且她也确实正在以一种强有力的方式参与到这项标准中。

提示和讨论

不同的材料和时间在儿童发展解决问题的技能和策略方面会发挥怎样的作用？在你的户外空间里，哪些材料可以供孩子们以多种方式使用？在户外环境下，孩子们能有多少时间来开展各类探索活动呢？

指标4：儿童能够在探究问题和调查的过程中进行讨论、咨询以及与其他同伴和成人合作

捕食的螳螂

“捕食的螳螂有着锋利的前肢。”

现在是春天，孩子们注意到，在外面的花园里有好多来来往往的昆虫。在孩子们最初对昆虫感兴趣的基础上，教师和孩子们在一个月的时间内开展了相关的探索和研究，具体包括观察、书籍研究、科学绘图、运动和音乐活动，最后大家还共同设计和创作了一部戏剧。孩子们根据自己的兴趣选择特定的昆虫进行研究。到了快结束的时候，他们就会在一起展现他们在户外所学到的各种东西。他们还会在学校社区的小组活动中表演相关的戏剧，这当中的剧本都是他们原创的，他们自行设计了各种服装和布景，此外所有参与演出的“昆虫”都获得了一小口的“花蜜”，而这些“花蜜”由可以喝的果汁所制。

孩子们不可避免地会对昆虫产生浓厚的兴趣，会觉得它们很迷人。这些昆虫的种类如此繁多。有些昆虫长着翅膀，会飞翔。有些昆虫有着强有力的后腿并且擅长跳跃。这些昆虫可能是铁蓝色的、黄色的或黑色的。每一种昆虫都有一种特殊的、人们可以逐步认识和理解的生存方式，它们通过吃各种食物让自己能够在这个世界上存活下来。昆虫也会发出各种美妙的声音。大多数昆虫对人是无害的，但是也有一些昆虫会对人产生危害。这就意味着，对于孩子们来说，他们要知道在生活中如何识别昆虫，如何欣赏那些温和的昆虫，如蝴蝶和蚱蜢，同时要学会如何保护好自己，以及如何让自己免受那些不够温和的昆虫（如蜱虫和蜜蜂）的伤害。在这里，孩子们展现出的是他们在一个月内所做的各种各样的源于自身兴趣的关于昆虫的探秘和调查。通过这些活动，孩子们可以用适当的方式来呼应自己对一些特殊问题的关注和担忧。通过此类有趣和多样的方式，孩子们不仅可以获得关于昆虫的知识，还能够不断地提高保护自我的安全意识和能力。

与儿童一起设计长期项目就能够创生出有效的途径和方法，而这样的途径和方法可以支持儿童之间和儿童与成人之间进行深入的讨论、咨询和合作。此类长期项目的内在结构会支持儿童尝试和运用多种方式对昆虫进行探索和研究，同时支持儿童以多种方式来表达和展示自己的新发现。例如，为了尽可能多地了解螳螂，桑普森不仅会去查看图书、阅读故事，还会主动地观察大自然，认真地画画。他有机会去运用和实践那些他通过动作和音乐学习到的新经验，他假装自己就是一只螳螂，努力地从内心深处进行感知和体验。

这样的经历会让孩子们产生同理心，会加深他们对材料的理解，更重要的是，还会让孩子们产生更多的疑问和想法。这类研究的成功往往要求教育者正确识别儿童深层次的兴趣，并且必须围绕那些可以激发儿童兴趣的、生动的主题而开展相应的活动。如果孩子们期望了解自己所处的世界，那么他们就既要了解那些他们可能会遇到的、他们害怕的事情，也要了解那些让他们高兴并给他们带来快乐的事情。这个故事向我们表明，你可以在这个领域中采用多种不同的方式来支持孩子们学习。

大桶

“我们要把它装满，要一直装到顶端！”

沙米卡、克丽丝特尔和斯凯勒注意到低矮的木墙旁边的桶上有一些小鹅卵石和沙子。他们蹲下来，更加仔细地检查大桶，一起谈论他们发现的物品。他们挑出了一些小石头。他们一边在手里摆弄这些东西，一边继续交谈。

沙米卡注意到他们旁边有一个大桶，于是她把鹅卵石扔了进去。克丽丝特尔和斯凯勒也跟着这样做了。后来，他们找不到更多的鹅卵石了，于是就开始在四周寻找树枝和树叶来往桶里装。最后，他们捡起一把把用于护根的木质覆盖物，把它们都装入大桶中。克丽丝特尔说：“让我们把它填满吧。”他们在一起不停地工作了15分钟，在这当中还拉了一个助手来帮忙。最后，他们终于用各

种物品把这个非常大的桶装满了。就在这时，教师宣布该清理场地和打扫卫生了。当孩子们解释说“但是我们还……”时，教师打断了他们的抗议，并继续提出要求：“请把桶里的东西倒出来，然后回到房间。”孩子们试图再次表达不同的想法：“但是……”教师继续说：“你们可以明天再做一次。”

这个故事中的户外环境资源极为有限，但是这个故事依然很有价值，因为通过这个故事可以清楚地看到，当儿童可以自由地使用任何类型的开放性材料时，他们的游戏就会得到有力的支持。在户外，儿童常围绕自己感兴趣的想法开展探索活动，他们的拆分和重组能力会得到增强，他们可以在户外自由地移动，能够接触到各种各样的原材料来开展项目活动和调查研究。

沙米卡、克丽丝特尔和斯凯勒当时所处的地方是一个游乐场，那里几乎没有什么植物、树木或其他有趣的材料可供他们玩耍。大部分的地表被干燥的树皮覆盖。然而，即使是在这样一个相对贫瘠的环境中，孩子们也依然能够依靠敏锐的眼睛辨别出其中的差异，并能够开始进行自己的调查研究。他们从周围的地面覆盖物中挑选出树枝、树叶和小石头，并对其进行检查。当他们手中有了一小堆物品时，沙米卡注意到了那个大桶，这是他们所在区域内唯一的道具和支持物。在看到这个桶后，她立刻想到可以用这个桶来装他们手头的东西。

把自己手中的东西扔进桶里的这一动作让孩子们产生了另一个想法，那就是迎接挑战，把这个桶装满。他们对这一选择进行了讨论，并商定了具体的计划。他们没有工具，因此要用手把这个大桶装满其实是一件很艰苦的工作。尽管如此，他们还是非常认真地对待自己的计划，把越来越重的大桶运到了一个新的地方，那里地面的覆盖物不那么紧实，这样他们就可以用自己的小手抓到更多的树皮覆盖物。他们能够不断地坚持，并且在这个过程中能使用到“更多”“更少”“重”“轻”“大”“小”等词语，而且会相互比较和描述自己的工作。在户外活动结束时，通过大家的协作和努力，他们终于用各种物品填满了整个大桶。孩子们愉快地参与了一个自己设计创造出的学习活动，而在整个过程中他们需要的仅仅是一个桶。

一些教师在接受过不恰当的培训后显得更加墨守成规和自我封闭，他们会认为户外与课程、户外与儿童的学习之间没有任何关联。在他们看来，户外活动仅仅是室内重要的学习进程中的一个短暂的休息环节。当教师能够重视并认识到儿童在户外环境中的工作的深刻和复杂多变的特点时，他们就能够更好地理解和关注儿童所从事的活动。如果教师提供更好的户外环境以及孩子们所需要的东西，那么他们就可以充分地支持和鼓励孩子们在户外从事各种重要的工作和进行自由自在的玩耍。

在这个故事中，沙米卡、克丽丝特尔和斯凯勒在整整40分钟的户外时间里一直在紧张地进行交流和讨论并忙于解决问题。他们正高度地专注于自己独立设定的这项任务。他们正聚在一起就如何实现目标，对他们所发现的物体进行命名、描述、排序和分类展开了充分的讨论和协商。他们会一起交谈、分享、倾听和相互帮助。虽然装满一个桶的任务在一开始时似乎并不起眼，而且看起来不那么有趣，但是这个过程包含了许多层次的学习。沙米卡、克丽丝特尔和斯凯勒只能够在游戏场地上一个非常有限的范围内选择工具和松散的材料，但是他们创造性地使用了它们。他们为自己设计出了一项将容积约40升的桶全部装满的任务，同时他们想出了一个好办法来顺利地完成这项任务。

这种自主选择的活动能够使儿童充分地练习各种适合其年龄的重要技能，如命名、描述、排序、分类、评估、设计目标和自我评估。如果他们在室内环境下展示这些技能，那么教师会很容易地识别出来，而在户外环境中，教师往往很难看到和识别这些技能。如果要看到、识别和发现这个活动中儿童正在发展着的推理能力、解决问题能力和协作能力，那么教育者就需要仔细地进行观察，同时需要拥有正确的目标框架和一套适宜的期待体系。早期学习标准为我们提供了这样一个框架。这些标准是特别有价值的工具，可以帮助我们解释和理解儿童在具有挑战性和不太熟悉的户外学习环境中究竟会完成哪些事情。

提示和讨论

对儿童的工作、问题和发现所做的记录会如何帮助和支持你在户外环境中为儿童提供更大的支持呢？

进一步反思

应用推理和解决问题的标准会如何影响你的户外教学?

在自然世界中，孩子们会自发地探索环境和识别问题。户外活动为孩子们发展推理能力、解决问题能力和探究能力提供了充足的保障。所以，孩子们在户外想要探寻的那些大量的谜题和神秘的事件都可以在自然世界中寻找到，自然世界早已准备好了多种路径让孩子们进行探索和发现，孩子们可以沿着这些路径逐步了解和发现这里究竟发生了什么事情。当他们在花园里看到他们自认为是胡萝卜的植物时，他们就可以通过一场真正的物理调查来寻找问题的答案。他们以往在这个花园里的种植经验促使他们注意到了一个新的线索，那就是有一种植物的叶子悄悄地侵入了常春藤的领地，于是他们就继续沿着这条线索开始新的调查。这些娇嫩的叶子就像一封清晰明确的邀请信一样邀请着孩子们将探究深入到土壤下面，看一看在土壤的下面是否真的有胡萝卜。

同样，玛迪逊对可能影响雪的变量曾经有过一些了解，她也清楚该如何做才能制造出一个能够压实的雪球。通过观察自己所处的游乐场，玛迪逊迅速地确认出哪些地方可以用来测试相关的变量：地面、户外积木的木质顶部、堆积在阴凉处的积雪以及那些在阳光下可能会升高温度的地方。我们看到，环境能够充分地支持玛迪逊持续地发展自身的推理能力。她可以环顾四周，可以慢慢地进行思考，看看能够找到哪些好办法来帮助自己解决当前所面临的问题。

在一个与儿童思考问题的需要相一致的环境中，教师的角色就是观察儿童，发现他们的兴趣点，为他们提供需要的材料和工具来支持他们参与，同时教师应当提出一些能够促进他们深入思考的问题，而不仅仅是提供问题的答案。

我们若要想具有某种才能，那么，我们就要先试着去学习，在做的过程中进行学习。

——亚里士多德（Aristotle）

第六章

风险承担、责任感和自信的标准

儿童生来就愿意与环境进行互动。他们的感官系统是在他们与周围环境中的各种元素进行相互作用和反应的过程中成长与发展起来的。当受到运动着的物体的刺激后，婴儿就会逐渐学会跟踪空间中的物体。当听到声音时，他们就能够尝试着寻找和定位声音的来源。婴儿会不断地收集信息，这会让他们持续地感知和理解周围发生的事情。他们常常通过移动、触摸、看、闻和听等方式来做到这一点。让－雅克·卢梭（Jean-Jacques Rousseau）就曾指出："我们的第一位老师……是我们的脚、我们的手和我们的眼睛。"（2003，p.90）

婴儿在来到这个世界后就倾向于采用这种积极的学习方式。他们收集信息的方法是具体的和经验式的。他们在不断探索新的且不熟悉的景象、声音和体验的过程中，通过积极参与和主动响应环境的方式来进行学习。随着儿童的成长，他们学习周围世界的最有效的一种方式仍然是积极的、具体的和经验式的。在儿童的成长过程中，无论是伸手去拿玩具，迈出生命中的第一步，还是学习骑自行车，他们都有一种积极主动地参与活动的内在动机，这将激励他们以探索和冒险的方式进入新的未知领域。他们所有的学习都涉及行动和实践。他们会朝着自己想要的或者期望获得新的理解的方向不断前行。

通过行动，儿童不断努力地回答这类问题："如果……那么会发生什么呢？"假如儿童能够尝试不同的方法，表现出毅力，能在失败之后再试一次，那么，他们就能够寻找这类问题的答案。只有通过经验和经历，儿童才能形成理解并发展技能，才能使自己变得既有能力，又自信。这意味着他们在面对周围世界时首先必须学会采取行动，然后对自己的行动所产生的影响进行反思。此外，他们还必须有机会不断地将这些反思应用到未来的各种经验和体验之中。

这种持续不断的行动、反思、再微调方法的过程似乎可以在"眨眼之间"迅速而毫无缝隙地发生。例如，一个站在圆木上走路显得摇摇欲坠的儿童会在突然之间走得很稳并变得自信起来。一个3岁的儿童从9月份开始就一直要求我推着她荡秋千，然而在某一天的早上，她出人意料地能够自己荡秋千了。儿童突然表现出的这些新能力和新的发展里程碑让人兴奋。

虽然这些事表面上看起来似乎都是自然发生的，但实际上儿童为此早已付出了大量的努力和勇气。如果想要取得这样的成就，那么他们就需要敢于面对未知，在许多情况下，还需要敢于承担相当大的风险。当他们试图走过圆木时，他们很可能会从圆木上跌落下来。当他们在滑梯的顶部表现出正想做出某种动作或表现出某种程度的犹豫不决时，其他的儿童很可能会取笑他们。在跑步时他们可能会被绊倒，擦伤膝盖或肘部。通过密切观察，教师可以看到获得新技能对于儿童来说是多么具有挑战性，从而更好地理解儿童学习的过程。学习骑两轮自行车或者通过混合正确的颜料来做出完美的蓝色（参见本章中“制作完美蓝色”的故事）对儿童来说需要时间、毅力和动力，也需要他们能够适当地应用新的概念和技能。

当学习的过程更加明显以及学习所需要的时间更长时，儿童就更加需要展现出自己刻苦努力和积极的学习姿态。儿童在掌握复杂的技能时所采取的把大步骤分解为小步骤的做法以及不断进行微调的举动是显而易见的。儿童可能需要数周或数月的时间来发展自己骑两轮自行车的平衡感、把握时机的能力和充分的自信。这个过程通常包括摔倒在地、撞到脚趾或擦伤膝盖等内容。掌握骑自行车的技巧是一项挑战，需要儿童在体验各种动作的结果时不断地扩展和调整自己正在做的事情。他们需要随时做出细微的调整来保持身体平衡。渐渐地，他们就可以学会如何有效地转向并能够以倾斜的方式进入弯道。在这一学习过程中，儿童积累了关于速度的经验，增添了信心，同时具备了顺利通过不同地形的骑车能力。

类似地，儿童通过混合颜料来创造出特定的色调也需要自己进行大量的尝试并反复进行试错，他们可以在这个过程中学习到一些新的技能，如动作技能、智力技能和审美判断的能力。儿童必须通过各种试验来学习基本的颜色组合。“当我把黄色和红色混合在一起时会发生什么呢？我怎样才能调出绿色呢？”以这个为基础，他们开始探索出更多微妙的变化和不同的渐变颜色，他们可以通过添加更多一点颜料的方式来达到自己的目标。在这个过程中，他们不仅需要学会控制好倾倒颜料的力量，而且需要控制好画笔，这样就能控制颜料的量。

虽然我们不会经常这样去想，但是这项活动的确需要承担一些相当大的风险。

他们可能会把颜料洒在自己的身上、地板上或其他人的身上。他们可能会一下子添加了太多的颜料，弄糟了他们忙了半天且非常珍惜的美丽颜色。他们可能无法调出准确的颜色或画不出一个阴影部分，从而无法实现他们原定的目标。因此，他们如果在这个过程中把事情搞砸了，就很可能会感到失望、沮丧，或者可能会受到谴责。但是，通过承担这些风险，他们也能在这个过程中增加自己做出新的发现、体验到深刻的满足感和学习到新事物的可能性。

通过不断地与物质环境进行互动，儿童的世界观及其运作方式会不断地得以延伸、扩展和调整。通过实时参与问题的解决，儿童可以获得他们所需要的各种信息，可以不断地了解和确认自身行为所产生的影响。这种及时的反馈能够让他们不断地对周围的世界有新的发现，同时对自己产生新的认识。我们看到，正是通过不断地尝试新事物，儿童才能得以健康成长。

从本质上讲，学习就是儿童与环境之间的合作。为了学习，儿童必须在很小的时候就开始参与到与环境的合作之中，而这其中的大部分参与行为都与身体相关。在不到两代人以前的那个年代中，弄脏、碰伤或擦伤等行为都被认为是十分自然的，被人们看作正常、活跃的童年中完全可以被接受的一部分。事实上，在那个时候，儿童也经常把身体上的割伤和擦伤吹捧为一种荣誉徽章，而这种小的身体方面的伤害会向别人表明和显示出儿童在面对特定的挑战时是多么镇定和勇敢。然而，当代社会中的成人越来越多地试图全面地保护儿童，甚至根本不愿意让他们受到任何程度的轻微伤害。

认为成人能够而且应该保护儿童免受一切痛苦和伤害，这种不切实际的信念与儿童的学习方式不一致，也不相符。一个4岁的儿童就很可能会自豪地宣布："我摔了29次了！这是一个新纪录！"他拥有在两轮自行车上学习平衡所获得的来之不易的经验。他和教师都会凭直觉理解和意识到，摔倒是发展身体能力过程中不可避免的一部分。这个儿童通过承担可接受的风险来培养自信，这可以让他学习如何制定运动规划以及如何管理和控制身体在空间中的具体位置。认识到承担风险、自信与学习之间的互动关系是教师理解与认识儿童的基础和基本条件。承担风险和拥有自信也是儿童健康成长与发展的一个核心内容。

概述

为什么风险承担、责任感和自信的标准对于儿童的健康发展十分重要?

幼儿是积极的学习者。他们主要通过自己的身体、行为、与他人的互动以及与环境的互动来了解世界和自己。当被要求描述出自己的目标、风险、责任感和自信心是什么时,他们常常会借助自己的身体能力来进行具体描述。“我想学着摇晃和蹬腿,这样我就可以自己荡秋千了。”“我想爬到这个建筑物的顶部。”“我想站在树桩上面保持身体的平衡而让自己不摔下来。”这些4岁儿童关于现实世界的目标的例子向我们表明,儿童是如何进行自我期待和自我指导的,以及他们是如何认识和理解自身所具有的能力的。这也向我们显示出,儿童在变得更加独立的过程中是如何表现出高度的积极性和主动性的。

风险承担、责任和信心的标准直接反映了儿童对于自主和独立的渴望,同时反映出了教育在支持儿童达到这一目标中所起的作用。这向我们表明,孩子们会参与目标实现的整个过程,在这个过程中他们会通过自己的努力来解决问题,并且会不断完善自身对整个世界的理解。本标准会涉及那些需要教师特别关注和支持的学习方法。为了能够变得独立和自主,儿童必须被允许去面对、体验和解决现实世界中的种种问题。当儿童在做事的过程中犯一些小错和承担适度的风险时,成人必须给予他们充分的信任、理解和支持。

在生活中,儿童必须拥有各种经历和体验,包括感受失败和感受成功的经历和体验。他们不仅要有积极上升的体验,也要有消极下落的体验,这样他们就可以感受到一种平衡,他们必须要学习如何像风一样快速地奔跑。通过经历各种挫折和失败,儿童便可以将这种体验与自己在游戏中所获得的那种喜悦和得意的体验进行对照。尽管一些成人会认为,失败、跌倒和挫折是一类消极的和令人不快的体验,他们期望给予儿童充分的保护而让他们免受任何伤害并避开所有的风险,但是,在生活中那种失败和受挫的经历与体验对于他们来说是非常有价值的,也是极为必要的,在现实生活中儿童真的无法让自己免受任何伤害。他们将在自己的一生中面对各种各样的经历和体验,需要学习在自己的生活和成长环境中如何很好地使用、管理、理解这些经历和经验。

教师在这方面发挥着极其重要的作用。教师的工作就是构建一个适宜的环境，在这个环境中儿童能够独立地进行选择，追求不同的想法，表达和阐明自己的问题，尝试新事物并在试错中获得发展。我们应当让儿童遵循自己的兴趣，以不同的方式使用材料，应当让他们设定自己的目标，让他们知道在学习的过程中犯错误很可能就是一项巨大的挑战。解决实际问题很可能会是一个相对混乱且难以预测的过程。但是，通过一定的冒险行为，儿童就可以发现什么是有效的，什么是无效的，从而获得发展和调整自身创造性思维的能力，从而增强自信。这里可以套用一句约翰·杜威（John Dewey）的话：我们只有在遇到问题时才会去思考。

儿童特别热衷于解决那些自己设定和提出的问题。在探索自己的问题和回答自己的问题时，他们就更有可能去扩展自身，并且敢于在学习的过程中承担一定的风险而让自己获得收益和成功。在此时，教师将会扮演一个独特而鼓舞人心的角色，即教师会成为一个支持和促进学习的人，而不是一个规定和具体指导学习的人。

与实践相关的思考

各个州和国家级的早期儿童组织是如何对风险承担、责任感和自信的品质进行分类的呢?

与本书中所讨论的其他许多标准相比，风险承担、责任和信心很少被提及，而且教师对这方面标准的了解也比较少。当人们提到风险承担时，它有时会伴随着灵活性，有时会与问题解决相结合。信心和责任感是承担适当风险后的自然结果，也很少被提及。但是，根据我们对幼儿学习经验的了解和长期的观察，我们认为，这三条标准对儿童的健康发展至关重要。我们还认为这三条标准之间存在不可分割的密切联系。当儿童能够承担与其独立程度相称的适当风险时，一个重要的过程就开始了。他们将开始确定和提出自己的问题，并且能够通过探索和寻找这些问题的答案来组织相应的活动。他们会运用试错法和操作物体等策略来获得特定的知识。通过这种方式，他们就可以对自己的学习负起责任，同时对自己的能力充满自信。

户外特别能够为儿童提供适当的时间和空间，以便让他们开展这些调查活动。因为户外是一个可以自我调节的完整系统，它能够持续地证明和显现事物之间的因果关系。因此，户外就可以让儿童体验到行动和反应之间的内在关系，这对于发展儿童的判断能力来说至关重要。户外是不断变化的，会持续地激发儿童的好奇心，户外世界也能够激励儿童每天都持续地关注和观察周围事物的变化，能够让他们在看到和发现新的事物时产生新的疑问。当云层遮住太阳时，他们会看到天空变黑了。当看到一根低垂的树枝时，他们就想知道如果坐在树枝上面或者上下弹跳会带来一种怎样的感觉。他们会注意到树叶变了色并掉落在地上，而且他们会试图抓住这些落下来的半空中的树叶。他们还会注意到一条无毒的束带蛇正在岩石上晒太阳。这些现象能够让儿童更加仔细地进行观察，让他们能够提出自己的问题，激发他们的好奇心，他们会十分好奇地想弄明白这里究竟发生了什么。

对标准的应用

哪些可观察到的行为或指标可以用来判断儿童是否达到了风险承担、责任感和自信的标准？

如第二章所述，好奇心是推动学习的主要引擎。具有好奇心的儿童会把环境当作一种资源，会提出自己的问题并努力地回答这些问题。要做到这一点，儿童就必须在允许他们进行探索和实验的环境中游戏和工作。成人应当允许儿童承担适当的风险。教师面临的一个重要挑战就是要在保护儿童安全的同时，尽力地促使他们发展好奇心和冒险精神。对风险承担、责任和自信的标准有充分的了解和理解，会有助于教师系统地规划和设计出适当的活动和环境。那些明确的指标可以表明和显示出这些学习方法在实际生活中会以什么样的方式呈现出来，而且这些指标会有助于教师制订合适的计划。清晰的指标体系能够为教师、家长和孩子们在讨论标准时提供更清晰和有帮助的语言。这些指标会帮助他们表达出关于结果的明确期望，这样一来，教师不仅可以讨论这些结果和目标，而且可以设计和规划适宜的环境来支持儿童达到标准并实现这些相应的目标。

综合参考各州关于3—5岁儿童风险承担、责任感和自信方面的相关标准，我们概括出以下4条行为指标：

1. 儿童对自身能力的认识不断增强，能够选择适宜的身体、社交和认知方面的挑战；

2. 儿童能够随着独立性的增加而设定目标并执行计划；

3. 儿童能在与他人（既包括同伴也包括成人）互动时交流自己的想法和观点；

4. 儿童能在解决问题或完成任务时表现与表达喜悦之情和满足感。

体验风险承担、责任感和自信的户外指标

指标1：儿童对自身能力的认识不断增强，能够选择适宜的身体、社交和认知方面的挑战

冬季的树林

“起床很难，但是我并不害怕。”

孩子们和教师正在冬季里散步，他们沿着一条小路穿过整个树林。费利克斯发现有一棵树的树干正躺在雪地里，其中有根粗壮的树枝伸向空中。费利克斯伸手抓住那根树枝，用它来帮助自己保持身体平衡。他走到了覆盖着白雪的树干上。他在光滑的树干表面玩耍，让自己的双脚滑过树干的表面，当他难以保持身体平衡时，他就会跳下来并落在旁边的雪地上。稍后，他还会立即跳起来并再次进行尝试，不断地重复自己的动作，在多次尝试之后，他发现自己站在树干上的时间变得越来越长了。

就像在户外经常发生的那样，费利克斯找到了一项适合他的兴趣和能力的挑战。当儿童有机会进入自然区域时，他们用身体探索的内驱力往往会引导他们去攀爬和玩与自己的身体条件相吻合的建筑和物品。他们可能会寻找到一条峡谷，这个峡谷会让他们练习如何下山，或者他们会找到一条小溪，他们会借助小溪练习跳跃的动作。他们会沿着小溪漫步，以探寻出哪一个地段最适合自己进行跳跃。他们会练习平衡，进行协调、判断和运动的规划，所有这些都是在一个令人兴奋和有意义的环境中进行的。虽然有一些人工设计的活动也面向3—5岁儿童，但是它们往往采用的是一种“一刀切式”的设计思路和运作方式，总是期待能“以一种方式应对所有的类型”，而且它们所提供的经验和体验都是连续一致的、可预测的。然而，森林、田野和其他自然场所可以给儿童提供大量的不同层次的挑战体验，能够让每一个儿童都寻找到适合其自身的需求和能力的各种挑战。随着儿童身体的发展和技能掌握水平的不断提升，他们每天所从事的事情也是有变化且多样的。各种新奇的事物会让儿童的注意力变得更加集中。

在这个故事中，费利克斯确定了自己想要追求的任务或兴趣。于是，他亲自调查了这件事，以便让自己能够对相关的内容有更多的了解。那些被允许在环境中进行自由探索的儿童常常会对自己的能力有更好的理解和把控。他们会选择一个既能提供挑战又能提供各种支持的环境来练习和发展相关技能。对于费利克斯来说，这就意味着要选择一项对他来说非常有趣的任务，这个任务既要能够挑战他日益增长的平衡能力，又要能够为他提供充分的安全保障，比如一个把手和一块在他摔倒时可以在雪地上安全着陆的柔软的地方。每次当他重新站在圆木上时，他都会显得更加自信，并表现出更加良好的平衡能力。在这个活动过程中，他获得了关于时间和身体定位的新信息，而且能持续增强自身的信心、判断力和策略技能。费利克斯能够以一种分阶段和阶梯式的方式来规划和设计这个平衡活动，这就能够让他可以有充足的机会去练习抓住和放开等动作，可以让自己以相互交替的方式站在圆木较平坦和较陡峭的部分，从而展示自己的判断力和控制力。在探索的过程中，菲利克斯很快就意识到原木的表面会很滑，然而，他对于保持平衡和跌落下去这两个动作和两种状态都表现出了同样浓厚的兴趣。于是，他就会在湿滑的原木表面滑动着自己的双脚，而当他即将失去平衡时，他便会迅速地跳下原木。他对各种可能导致他摔倒的变量进行了多次试验。费利克斯的这一经历给我们提供了一个很好的例子，这个例子向我们清楚地表明了儿童如何理解和感受平衡等活动所带来的风险，同时让我们看到儿童在户外活动中是如何开展学习并从中受益的。

滚轮胎

“我要和韦斯利一起把轮胎推下去。当我跑到这里的时候，它真的还在滚动哦。我把沙子放进去，它就在原地转圈。”

一名家长为孩子们提供了一个轮胎，而孩子们当天就在活动场上操作和使用了这个轮胎。摩根一直在篱笆旁边的混凝土路上滚动着这个轮胎。她发现自己必须使劲地推动轮胎，这样它才能够在平坦的地面上以足够快的速度滚动起来，并且始终保持直立的姿态。韦斯利饶有兴趣地看着她的活动，然后提出了一个新的建议，他建议他们一起把轮胎滚到山坡上。于是，他们两个人把轮胎滚上了山坡，并渐渐地远离了其他孩子，轮胎在他们之间来回传送和滚动。渐渐地，他们加大了轮胎在彼此之间滚动的距离，并讨论着如何才能让轮胎滚动得更快、更直。在这样操作了一段时间后，摩根拿来一杯沙子，然后把沙子全部倒进了轮胎的底部。“轮胎滚过来了！”当她把轮胎滚向韦斯利时，她大声地朝着他喊。

当儿童与另一个人一起合作时，有些任务就会变得更加容易和有趣。滚动轮胎或投掷球就是让儿童感受和体验到相互吸引与一起合作的良好例子。与他人合作开展工作通常会给儿童提供鼓励、反馈和榜样，能够支持他们以新的方式来拓展自己。通过谈判、轮流发言、制订计划和质疑对方的想法等方式，教师也能够为儿童的语言发展创造更多的与社会交往相关的挑战与机会。

与人合作包括彼此间的思想交流和技能分享，这样做的益处在于可以让大家在所有领域中进行新的有价值的认识和学习。因为儿童能够遵循自己的兴趣，不断地创造自己的游戏，因此，合作就可以为儿童提供多样化的彼此合作的机会。因为材料是开放性的，所以儿童必须相互交谈和一起工作，共同分享自己的想法，并且制定一个活动方案来一起玩。通过观察可以看到，儿童能够用非常简单和模糊而不确定的材料创造出非常复杂的活动场景。在户外，孩子们可以利用树枝、树桩、树叶、水桶，或者像摩根和韦斯利的故事中所提到的轮胎等开放性材料轻松地开展自己设计的活动。

摩根对轮胎进行了实验，她先自己在路上滚动轮胎，然后会在轮胎向前滚动时跑过去把轮胎取回来。每次她都会尝试不同的策略。她把它滚得越来越慢，在推动轮胎之前也会试着用不同的方式抓住它。随着自己的反复练习，摩根的技巧不断提高。现在，她已经能够让轮胎保持更长时间的直立了。

韦斯利饶有兴趣地看着摩根滚动轮胎。他建议他们两个人一起到山上去滚轮胎，在那里他们就可以利用一个斜坡来滚轮胎了。于是，他们便一起把轮胎推上了山，一起进行交谈并研究活动的具体计划，终于他们来到了一个坡度恰当的地方，这个地方远离其他孩子的活动。刚开始时，两个人之间的距离比较近，他们会来回滚动轮胎，互相进行鼓励，在轮胎滚动时也会大声地欢呼。当他们掌握好了一定的技能并且越来越熟练之后，他们就采用了一步步往后退的方法拉大彼此间的距离，以此增加活动的难度并迎接新的挑战。

他们的游戏持续了较长的一段时间，期间有着大量的对话、思想交流和相互协作。摩根还在这个活动中增添了一种新的元素和玩法，她在把轮胎滚给韦斯利之前，先把一些沙子舀进轮胎底部。在轮胎滚动后，他们每次都会去检查一下轮胎里的沙子，看看还有多少沙子会继续留在轮胎里，有多少沙子会掉出来。除了一个滚来滚去的轮胎之外，摩根和韦斯利的手中什么都没有，但他们却创造了一个非常有趣的游戏。这个游戏涉及多种技巧和练习，需要他们准确地瞄准并垂直地滚动轮胎，并且要始终保持对轮胎的控制。他们在这方面做得越来越好，稍后他们还扩大了距离，增加了新的挑战，通过合作，他们不断地学习并摸索出最适合他们的活动方式。

提示和讨论

在这个强调要规避风险和避免承担风险的社会中，你会如何引导儿童在户外场地上开展各类活动来迎接那些令人信服的、适当的身体挑战呢？

指标2：儿童能够随着独立性的增加而设定目标并执行计划

制作完美的蓝色

“现在我需要为自己制作完美的蓝色！”

这是一个美丽的秋天。树叶上闪烁着许多深浅不一的黄色、橙色和绿色。教师在户外放置了一些画架供孩子们画画。丽贝卡开始在画架的一侧用教师预先混合好的供他们使用的颜料画画。她大声地说：“我没有完美的绿色。”阿梅莉亚也即将开始在画架的另一侧作画，她打算为年龄更小的伙伴混合出“完美的绿色”。她找到了一个空的颜料罐，加入黄色颜料，然后加入绿色颜料，并仔细搅拌。丽贝卡在一旁聚精会神地看着她。当明亮的绿色混合在一起时，阿梅莉亚问丽贝卡，这是不是她想要的颜色。丽贝卡点了点头。阿梅莉亚又说：“你想要这个颜色更淡一些吗？”当丽贝卡表示同意后，阿梅莉亚就往其中加入了少量的白色颜料。在每次添加好颜料后，阿梅莉亚就会将颜料均匀地混合在一起，直到它们显现出完美的绿色。阿梅莉亚把颜料罐放在丽贝卡的面前，然后转过

身来看了看颜料，她大声地宣布："现在我需要为自己制作一个完美的蓝色！"

如前所述，相对于室内环境，户外环境更加能够包容各种混乱、差错和失误。在这个故事中，教师认识到了户外的这种属性和特点，并能够以此为基础对环境进行新的构建。教师知道孩子们都喜欢画画，喜欢把颜料混合在一起，所以她在今年早些时候就让孩子们有大量的时间练习如何从大的容器中倒出颜料，再把颜料混合在一起，并学会在使用完颜料之后进行桌面的清理。通过鼓励孩子们大量地练习这些必要的技能，教师就能够让班级中的儿童在这一年中变得越来越独立。

这个故事发生在10月份，画架上有很多画纸，这样孩子们就可以借助充足的材料自由地画画。当孩子们决定要让自己的作品完工时，他们就可以把这些作品取下来，并悬挂起来晾干。在画架的托盘中，教师放置了各种颜色的颜料，在另一个容器中放了一些水。在画架旁边的地上，教师还放了一个装有各种尺寸的画笔的容器，并在一个大的容器中装了更多的水，此外还有一些不同颜色的颜料罐可以让孩子们在需要时把不同颜色的颜料混合在一起。户外画架的设置能够让孩子们拥有和感受到最大限度的自由和责任，而自由和责任之间是相辅相成、相互支持的。

从最开始时产生一个初步的想法再到最终完成所有的清理工作，孩子们会把握好机会来掌控和完成完整的项目，这对他们来说也是一次十分重要的经历和体验。这种学习方式能够让孩子们体验活动的整个过程，可以获得信心，发展独立性，并不断练习和提高技能。在户外，孩子们可以轻松地去画画，而不用担心他们在画画时万一泼洒一些颜料或水之后会惹得大人们不高兴。这样一来，教师和儿童就可以放松下来，更加专注于学习过程。

在开始画自己的画之前，阿梅莉亚停下来看丽贝卡是如何画画的。丽贝卡认为自己没有完美的绿色，这激发了阿梅莉亚对这个问题的兴趣。这样一种情境能够让阿梅莉亚变得更加独立，她会觉得自己是一个很有能力的人。于是，她信心满满地担当起助手这一角色，并且非常认真地扮演这个角色。阿梅莉亚花了整整5分钟与丽贝卡交谈，并开始对颜料进行了试验，直到她调制出了一种得到丽贝卡认可并让她感到满意的颜色。为了达到这个目标，这两个女孩需要进行大量的沟通，需要不断地混合颜料。所有这些为达到目标而付出的努力似乎也在不断地激励阿梅莉亚持续地进行搅拌和倾倒。在这之后，她为自己设定了一个新的目标。带着满满的自信和独立，她决定要为自己调配一种“恰到好处的蓝色”。

桥

“这是一座桥！”

这些幼儿园里的孩子最近一直在围绕交通工具开展学习。孩子们把收藏到的各种汽车玩具拿到学校里进行展示。在活动室里的阅读区旁边有一辆大的自卸卡车。在摆放着各种道路和停车标志的地毯旁边，放着一大箱各种各样的车辆。在大积木区中，孩子们可以操作使用相应规模的车辆，而在小型单元积木区中，他们可以很方便地拿到一些较小尺寸的车辆。一些车辆被放置在

桌子上，孩子们可以用记号笔和铅笔沿着车辆的外部边缘绘制车辆的轮廓。几辆小的塑料汽车和卡车被摆放在美工区的台面上，孩子们可以在这里给车轮涂上不同的颜色，然后在一张大纸上印出车轮的痕迹和各种图案。在这里，孩子们可以寻找和阅读到各种各样的关于交通工具、太空旅行和建筑机械的图书。

在户外环境下，儿童也可以拥有大量的机会探索各式各样的交通工具。孩子们可以在户外乘坐各种塑料质地的交通工具。他们可以把装有海绵的水桶摆放出来，这样就可以开展洗车活动。户外大型的交通标志能够鼓励孩子们建造新的街道，并开始对道路规则进行探索。在一个较高的木质平台上，孩子们可以进去玩大型积木，在那里他们可以像室内所做的那样借助于各种大型积木发挥丰富的想象力并把自己的想法变成现实。可以说，环境中总是蕴含着支持儿童开展各类丰富多彩的探索活动和深入了解交通工具的机会，而这一环境既包括室内环境，也包括户外环境。

一天，查德正在积木区中玩游戏，他在两个稍微分开的活动区之间放置了一块木板，稍后，他便立刻兴奋地意识到这就是一座桥。借助于这一发现，孩子们开始对桥梁以及桥梁的建设产生浓厚的兴趣。他们会在一起分享他们对于桥梁的已有认识，会就他们还想知道哪些内容进行深入的探讨。一开始，他们会画桥梁，阅读与桥梁相关的图书，并且会表演与桥梁相关的故事，比如《三只比利山羊》(*Three Billy Goats Gruff*)。在此过程中，有几个孩子提出了一个新的想法和目标，那就是“建造一座我们自己的桥梁”，而其他孩子则认为这个想法有些傻或者根本不可能实现。在与教师进行多次探索性讨论之后，孩子们渐渐地认识到，他们确实具备在自己的游戏场地上搭建一座真正的桥梁所需的技能和策略。在孩子们经过不懈的努力终于创造出这一作品后，他们一起高兴地喊起来：“这是一座桥！”

孩子们常常对于那些需花费大量的时间和精力探索的大型活动抱有极大的兴趣和热情。像建造桥梁这样的长期项目可以让户外的空间变得更加生动，这样的项目往往会持续数周或数月，也会影响和打扰团队成员的其他需求。建造这座桥需要孩子们进行大量的研究、规划、绘图、测量、切割、打磨和钉钉子等工作。孩子们对项目有自己的理解并且充满了热情，他们觉得自己可以自信地应对每一个挑战。该项目被分成了若干阶段，每个阶段的项目都为儿童提供了解决问题的机会，并将他们的技能应用于一个非常具体的目标。长期遵循一个宏大的想法并参与这样一个复杂的项目可以让儿童建立充足的信心，能够让他们持续进行练习并发展新技能。

这座桥是一项为期两个月的探究项目，乍一看，对许多教师来说这个项目似乎太大了。但这个从儿童自身的兴趣发展而来的长期项目确实能够成为一个支持儿童满足和达到早期学习标准的一个强有力的工具。这一项目提供了一种结构，可以使教学变得更加流畅且更有意义。要想让儿童在这个长期项目中感到舒适，那么教师就需要认真检查和理解该项目所涉及的各个方面。教师需要将一个大的项目分解为若干小的项目，然后再分解为若干小的迷你单元，这样一来，儿童就会更加容易地发现和认识到项目所具有的可行性。

在建造这座桥的两个月里，孩子们对与桥梁相关的一些原理和建造理念有了一定的理解。他们会练习做木工，会用木块做模型，能够学习测量并在户外空间中做出相应的标记。他们参观了社区的桥梁，并与工程师进行了交谈。通过教师安排的实地调查以及大量的对话和讨论，他们终于能够在设计、建造和享受自己的桥梁方面拥有更多的主动精神和责任意识。

提示和讨论

在《制作完美的蓝色》和《桥》这两个故事中的两名教师都在儿童的活动中发挥了积极的作用，那么他们有哪些相同之处和不同之处呢？思考一下，每一名教师分别采用了哪些方法来表达自己对于孩子们有能力实现自己的想法的信任和支持？在实际生活中，你会以怎样的方式表达对儿童能力的信任和支持呢？

指标3：儿童能在与他人（既包括同伴也包括成人）互动时交流自己的想法和观点

瓢虫

“别担心。我会带你去花园的。”

特里斯坦注意到有一只瓢虫落在了他的袖子上，正在他的手臂上爬着。他看了一会儿，想把它取下来。他向附近的孩子们求助。亚历克斯和杰西卡都因为看到这只瓢虫而高兴，他们向特里斯坦保证，这只瓢虫绝对不会伤害他，而他们很快就会把它弄下来。经过多次尝试后，杰西卡成功地让瓢虫爬到了自己的一根手指上，这样她就能够将这只昆虫从特里斯坦的袖子上转移到自己的手上。她把瓢虫放在自己的手心，轻轻地对瓢虫说："别担心。我会带你去花园。"

她手捧着瓢虫，小心翼翼地走向种植区的蔬菜种植地。

儿童和动物（包括昆虫）之间计划外的互动经常会在户外发生。这些经历常常令人兴奋，也为孩子们提供了独特的学习机会。当孩子们发现昆虫、各种蜘蛛、两栖动物和其他生物时，他们需要有一整套行为规则和安全协议来告诉他们应如何去做。他们需要有相关的指导信息方面的支持，这些信息可以告诉他们在户外环境下应如何做才能够确保自身的安全，以及在户外环境下可能会发生哪些事情，这样一来，孩子们就可以产生信心，获得更多的安全感。

孩子们会将教师看作自己行为的示范者和引导者，会仔细地观察教师在遇到相关事件时是如何反应的以及他们实际上做了哪些事情。在这个过程中，教师会把自己的价值观传递给孩子们，一些教师可能会表现出一定程度的恐惧或不适（如畏缩、害怕或者直接把昆虫杀死），而另一些教师则会表现出好奇、参与、自信、尊重和责任感。而后一组的教师会发现，那些与他们一起工作的儿童也会在活动中表达和表现出与他们一样的态度。因此，非常重要的一点就是，教师应当积极地了解和弄清楚在户外儿童很可能会遇到哪些生物，而且要知道儿童应该怎样做才能够与这些生物和平相处并让自己感到舒适。通过对户外环境背景的充分了解，教师就会知道如何做才能够安全地进行调查，也能够知道关于哪些事物的调查应该单独进行，这样一来，教师就可以在支持儿童安全地参与户外活动方面做好充分的准备。

这个故事对亚历克斯和杰西卡这两个儿童的行为进行了描述，他们两个人都对与瓢虫相处感到舒适和自信，此外还描述了另外一个儿童的行为，即特里斯坦对瓢虫的态度比较谨慎和犹豫。由于自己越来越感到不舒服，因此，特里斯坦就开始表达出对自己袖子上这只瓢虫的疑虑和担忧。在这个过程中，他的表现是良好的，他能够清楚地表达自己的感受，并且会向自己的朋友寻求帮助。朋友们立刻做出了积极的回应，亚历克斯和杰西卡都向他做出了保证，并且能够立刻满足他的请求。教师通过塑造同理心、积极倾听和解决问题的方式为孩子们的学习创造了一种充分信任的氛围。在这种情况下，孩子们就能够更好地公开表达自己的想法和担忧，而不必担心会受到他人的批评或嘲笑。这些儿童从教师那里所学到的沟通策略和人际交往技能，也可以支持他们更加独立地进行工作和相互帮助，而不是仅依靠教师的力量来解决问题。

种树

"我的树在那儿！"

今天是户外场地活动日。马可和他的父亲准时来到了活动场地，一起进行种植活动，他们在种植场地上种了一棵新的小树。他们与另外两个成人一起挖洞，并通过将根球放入洞中的方式来查看和确认种植的深度。每一次，马可都会弯下腰，仔细地看看根球的顶部是否与地面平齐，或者是否仍然太高。当洞终于足够深时，马可的父亲就和马可一起把小树安置到它的新家里。

马可和他的父亲退后了几步，因为这样他们可以仔细地评估和判断树干是否笔直。然后他们就用土把洞填满，并把土压实。在这当中他们还注意到树的底部需要更多的土壤，于是他们又增添了更多的土壤。在感到十分满意之后，成人就继续去种下一棵树了。然而，马可依然留在了这里，他花了好长时间来研究这棵小树。稍后，他来到了一大堆泥土的旁边，铲了一大捧的土，然后把这些土堆放在了小树的底部。他这样来来回回地忙了好几次，还往后面退出好几步以便让自己能够从较远的地方来观察和评估眼前的工作，最后他大声地宣布自己的工作终于完成了。他自豪地喊道："我的树在那儿！"

让儿童参与实际工作并让他们对结果做出判断会有助于其发展自身的数学思维能力。这些活动在户外随处可见，孩子们不仅可以挖掘和种植，而且可以用各种自然材料进行建造，可以收集各种自然物并对其进行分类、计数和比较。这些模糊的和非标准化的测量经验可以为孩子们以后的非标准化测量和标准化测量学习创造适宜的环境。

儿童在工作和游戏中做出的一个基本判断就是"够了"和"不够"。马可认为这里的土壤不够多，所以他主动地进行调整，从而让土壤变得足够多。最终，此类决策和判断也会需要数字和数据方面的支持。处理和思考这些具体材料方面所形成的丰富经验就能够为孩子们以后的学习打下坚实的数学思维基础，同时能够让他们像马可这样充满自信地做出自己的判断。

只有3岁的马可每天都会来到幼儿园，他渴望能够直接参与某些活动并且期望能够做出自己的贡献。马可会尽自己的全力来协助父母、教师和身边的志愿者共同完成他们所面临的工作和任务。通过亲自参与种植树木的整个过程，马可深刻地经历和体验了种植的每一个步骤，认识和了解到了自己在种植过程中的地位和作用。凭借着对全局的新理解，他也能够充分地展示出一种主人翁的态度和姿态，这样可以确保活动的结果符合他对于小树的外观应该是什么样的预估和判断。在意识到这棵树需要有更多的土壤后，他能够主动采取相关措施来进行补救和调整，而正因为这一户外环境早已经为此做好了充分的准备，所以他就可以顺利地承担起这个责任。

在本次活动的规划和准备阶段中，志愿者们就已经通过多种方式尽力为所有的参与者（包括最年轻的参与者）提供了最适合的、不同尺寸的工具。此外，他们还准备了大量的、可以轻松拿到的种植土壤和地面覆盖物。通过为儿童和成人提供便于使用和操作的工具，马可的这些合作伙伴就能够以一种无声的语言告诉马可，他的贡献很重要，大家都希望他能参与进来。这样就可以有力地支持马可对那些正在发生的事情产生自己的想法、观点和判断，并能够主动发起行动。这个故事表明，即使一个3岁的孩子也很能干。如果他在一个适当的环境和组织中能够获得支持，那么他就可以有时间发展自己的想法并能够自己做出相应的决定和判断。

提示和讨论

在第一个故事中，你认为是什么让特里斯坦、杰西卡和亚历克斯在交流和表达自己的想法时变得如此自信呢？那么，在第二个故事中又是什么让马可在活动中显得如此自信呢？你身边的儿童会在什么时候表现出类似的自信呢？

指标4：儿童能在解决问题或完成任务时表现与表达喜悦之情和满足感

使劲地推

"我做到了！"

伊丽莎和另外两个孩子在校园里骑三轮车，他们会利用院子后面的缓坡提高骑行速度。孩子们轮流骑车下山，他们互相欢呼。稍后，他们把三轮车推回了山顶。年龄最小的伊丽莎选择了一辆大型的双座三轮车，这辆车既重又难推。她

将双手放在车子后轮的两侧，并将自己的脚后跟伸进去，然后使劲地向前推动车子。然而，车子的前轮很快就偏向了右侧。于是，伊丽莎停了下来，开始分析问题产生的原因，稍后她走过去把车子的前轮拉直。当她再次向前推动车子时，前轮又开始向左偏，车子再次偏离了轨道。于是，她便再一次把前轮拉直，并继续向前推。终于，她推着车子来到了山顶。伊丽莎的脸上露出了灿烂的笑容，她大声地喊道：“我做到了！”随后她顺着斜坡开始了新一轮的快速滑行。

户外活动给儿童带来了很多身体方面的挑战，这对于他们的健康发展至关重要。儿童有时会选择一些对他们来说可能会带来更多挑战的体力任务。但是，如果给予儿童足够的时间，那么教师就很有可能会发现儿童所选择的任务确实就在他们的能力范围之内，而且儿童也敢于适当地进行自我挑战。只有当成人允许儿童不断练习并扩展他们目前的能力时，儿童才能变得更加有能力。正是通过这种自我延伸和测试，儿童持续发展了自身的判断、决策和管理适当风险的能力。

越来越多的教师正面临着一种不切实际的社会和文化期望，即成人期望儿童在任何时候都应该是完全安全的。这是一个不可能的、毫无益处的期望。生活中总会存在危机、风险和安全挑战，这其实就是正常生活应有的基本样态。教师需要不断地关注、评估和支持那些正在承担适当风险的儿童，这样就能让他们获得发展能力所需的经验。儿童需要拥有练习、重复和犯错的机会。而那些能够让儿童具有不同的经验和持续发展能力的游戏活动场地，往往就能够在恰当的时候为每一个儿童带来适当水平的风险和挑战。

伊丽莎这样的经历对于儿童和监护指导她的教师来说是一种巨大的挑战，因为要获得身心的健康发展，孩子们就要敢于挑战自己、承担风险，而教师也必须支持他们去做那些重要的工作。在决定是否进行干预之前，教师必须通过专业的判断来评估眼前的境况。有时，教师需要更加信任儿童并充分地相信自己的判断，而且教师也应当花费更多的时间观察他们，而不是一味地让他们感到简单、轻松和舒服。通过运用良好的专业判断，教师就可以帮助儿童去承担和迎接那些自身发展所需的适当风险。

伊丽莎为自己承接了一个巨大的挑战。在活动中，她选择了最大、最重的一辆三轮车，她的目标就是要独自把车子推上斜坡。这需要毅力、坚持不懈和不断地解决问题，在这个过程中还需要认真思考该如何控制好车子的前轮，这样就能让三轮车一直向前滚动。终于，她坚持了下来，尽管这很困难，但她完全没有气馁和放弃，而且在整个过程中她都是自己完成的，没有借助于任何人。

一些教师往往只会关注挑战本身所表现出来的高难度，而没有关注儿童在活动中的整个经历和过程。儿童如何应对挑战以及他们选择挑战后所做出的决定，是他们参与过程的一个关键部分。如果有了充足的时间，那么儿童就能够探寻出一种创造性的和意想不到的方法来管理任务，或者他们也有可能会改变并重新定义自己的任务，使其更加便于自己进行管理。在每一次重置车子前轮的过程中，伊丽莎都会认真地观察、评估、判断并制订自己的计划。最后，她终于完成了自己想要做的事情。

这个故事的寓意是什么呢？挑战越大，儿童在完成挑战时所体验到的满足感就越大。

赛跑

"你们看到我跑得有多快了吗？"

孩子们排成一排，等待教师发出口令。"准备好了吗？走吧！"当孩子们听到教师出发的口令声之后，他们就一起冲了出去，跑了约100米之后他们就来到了终点处的石墙那里。面对户外的广阔空间，他们一起挥动手臂，迈开大步以非常快的速度跑到了终点。一丝欢快的笑容照亮了克丽斯塔的脸，她大声地惊叫起来："你们看到我跑得有多快了吗？"克里斯塔跑起来就像在飞一样！她在场地上跑了好几次，每一次都会使出全身的力气让自己跑得更快一些。

孩子们都喜欢运动。如果有机会，那么他们会非常愿意通过跑步等活动消耗大量的精力和体力。在深刻地意识到孩子们在身体运动和身体锻炼方面有明显的需求后，教师应当为孩子们寻找尽可能多的机会来让他们发现和体会到活动中的乐趣，这一点十分重要。这群儿童是十分幸运的，因为一名好教师正在陪伴着他们，这名教师几乎每天都能充分地利用操场旁边的大片绿地。她会带着这群儿童穿过草地，在草地上设计出许多不同的经典活动和挑战项目：单脚跳、向后跑、转圈圈、与同伴手拉手成对跑。所有这些简单的指令和指导都会激励和引导孩子们尝试新的事物，扩展他们的能力，增加他们的耐力和力量，同时让孩子们感受到和同伴一起游戏的喜悦。

这个故事向人们表明，当儿童有机会在空间里进行自由自在的活动时，他们会感受到一种纯粹的兴奋。在整个过程中，克丽斯塔都在和朋友们一起开心地笑着，为自身的能力感到高兴和满意。

在多年之前，跑步对于儿童来说是一种很常见的经历和体验。然而，在当今社会中，无论是在家里还是在早期儿童教育机构中，儿童普遍失去了必要的奔跑空间。为了弥补这种有限的空间所带来的损失，你可以在社区里探寻一些适当的地方，从而为孩子们提供更广阔、更开放的活动空间，可以让他们有机会以一种十分自由和有趣的方式来发展自己的身体。在更大的空间之中，儿童就更有可能产生像克丽斯塔班上的孩子们所表现出的那种满足感，他们会自己解决当前所面临的问题，他们会想办法回应教师提出的各种难题，如向后跑、单脚跳跃、调整速度以便能够成对地一起跑。无论这些挑战是由教师设定的，还是由儿童自己设定的，这样的身体挑战对于儿童来说都具有无穷的魅力，都能够给他们带来相当大的满足感和成就感。

提示和讨论

这两个故事都说明了儿童正在做一些颇具挑战性的事情。许多教师担心伊丽莎推着这么大的三轮车有可能会伤到自己，或者担心克丽斯塔或其他正在跑步的某个孩子可能会因为跑得太快而摔倒。那么，你认为让儿童从事这样具有挑战性的活动可能会面临哪些风险，给他们带来哪些好处呢？

进一步反思

应用风险承担、责任感和自信的标准会如何影响你的户外教学?

儿童是实干者和发现者。当他们能够直接对自己的世界采取行动并且可以看到行动结果时，他们就处于最佳的学习状态之中。环境可以为儿童提供可能性、不确定性和模糊性，并以此来支持他们的探索，环境会鼓励他们动手开展实验和研究。而户外就可以为这种学习方式提供完美的场所。户外会给儿童提供无穷无尽的探索和解决问题的机会与资源，户外能够以生动的方式邀请儿童来到一个广阔的世界，会让他们变得更加欢快、生动与活跃。

当儿童与周围的世界进行互动时，他们会发现这一切如此陌生，因此他们会不断地探寻、发现和理解周围世界的秘密，会不断地以承担一定风险的姿态和方式迈入对各种未知事物的探究之中。这就是儿童学习的方式，尽管成人通常不会像儿童这样思考问题，但是儿童的这种学习方式确实需要他们具有一定的勇气和胆识尝试新事物，挑战一些风险程度较小的冒险活动。事实上，在人的一生中，人们也都需要像儿童那样不断地面对新问题和新情况，这些新问题和新情况能够迫使自己以新颖的方式行动并促使自己更好地发展和运用自己的技能和策略。随着儿童自信心与判断力的持续增长和发展，他们会更加自如地在活动中承担一定的风险。而且，儿童的自信心和判断力也正是通过在成长过程中不断承担适当的风险这种方式来培养的。

让幼儿保持好奇心、愿意解决问题和乐意进行调查与探究的天性对于教师来说是一项重要而又令人兴奋的工作。这些天性不仅能够促进和支持儿童在学校生活中的学习，而且会对他们一生的学习起到积极的促进作用。为了能够富有成效地进行实验，尝试新事物并有所发现，儿童需要有机会自己做出判断和选择，需要有机会去追求自己的兴趣和爱好。换句话说，当儿童能够对自己的学习负责时，他们就会茁壮成长。当你提供了一个鼓励选择、探究、调查和独立的环境时，那么你就能够支持儿童不断地强化这些基本的学习态度和倾向，就会增强他们的自信心，就能够让他们更加相信自己和自己的能力。

费利克斯能够在白雪皑皑的圆木上保持住身体的平衡，这超越了他已有的经历和经验，将鼓励他继续尝试一些新的、令人兴奋的事情。在这样做的过程中，他确实担负起了不小心就会摔倒的风险。马可在成人认为植树工作已经完成之后又给小树增加了一些土壤，他对这棵树承担起了新的责任。在这样做的过程中，他也在冒着一定的风险，也就是说，他很可能会被成人告知要停止他正在做的事情，他也有可能会在添加土壤的过程中产生一些错误的行为和发生失误。为了能够安全地把瓢虫从特里斯坦的袖子上移开，杰西卡会主动地帮助特里斯坦并且能够注意保护好瓢虫。尽管她知道这样做会让自己受到昆虫意外伤害的风险或者有可能会惹恼特里斯坦，但是她依然能够满怀信心地继续前行。

学习需要儿童采取行动。无论他们试图做的那些事情最终成功了还是失败了，每一次的经验都是有用的，因为这些经验扩展了他们的知识宝库。随着时间的推移，儿童会持续地丰富自己的经验，会不断地完善自己的判断并不断地增强自信心。通过这种方式，他们会建立一种对终身学习至关重要的态度，无论他们3岁还是93岁，这种态度都会对他们有所帮助。

这就是学习的意义所在。你会在一瞬间明白一些你一辈子都在试图理解的事情，而且这一方式往往会是一种全新的方式。

——多丽丝·莱辛（Doris Lessing）

第七章

反思、解释和应用的标准

户外充满了各种各样支持儿童思考的原材料。有花可以闻，有叶可以摸，有鸟可以看，有沙子可以触摸。对于期望能以具体直观的方式来学习的幼儿来说，户外为他们提供了不断变化的事件及多样化的材料和资源。儿童在户外看到和体验到的很多事物对他们来说都是新鲜的。户外环境可以支持儿童将自己的身体和感官作为发现、调查和理解的工具。户外环境也能支持儿童发展独特的学习方式并能够满足他们直接参与、亲身体验的愿望和需求。这种印象深刻的、需要亲身参与的学习方式可以让儿童反思他们所看到的，并且需要儿童不断地进行解释、分析和理解，还会有助于他们将所学到的知识迁移和应用到下一个发现之中。儿童会以这样的方式不断地扩展和发展自己的思维。

为了支持儿童积极的动手式的学习方式，教师必须认识并重视儿童的具体学习过程。你的角色不是强调成品，不是关注结果，而是要为儿童提供丰富的体验，让他们有机会去发现和观察各种变化，并让他们在反思自己正在做的事情和正在看到的事情的时候能够从容不迫。例如，在创建一个让儿童探索的幼儿园的花园时，成人可能会过度关注产品，希望一排排的苗木都排列整齐。假如我们期望从这种思维方式出发和儿童进行互动，那我们很可能会难以实现我们的目标并感到沮丧，因为在花园里儿童的学习方式往往会更加丰富和更加灵活。他们有可能会在土壤中发现一只小虫子或者一个去年留存在泥土中的土豆，于是他们就去仔细搜寻并期望能够找到更多的小虫子或土豆。他们也可能会发现自己一直想要研究的虫子或漂亮的石头。他们很可能会被土壤或使用铲子的新体验吸引，并且希望能够反复练习如何用铲子来挖掘泥土。当一只蝴蝶从花园里的一棵植物飞到另一棵植物上时，儿童很可能会紧紧地跟随着蝴蝶。把儿童从这种充满活力且引人入胜的当下的学习经历中拉回来需要花费教师大量的精力，而且这种做法会中断儿童正在进行的真正的学习。如果与此相反，教师能够为儿童的这些没有剧本的、重要的与各种自然物品的接触和互动预留充足的空间，那就已经为他们发展自己的反思、解释和应用能力创造了一个非常适宜的环境。

概述

为什么反思、解释和应用的标准对于儿童的健康发展十分重要？

儿童一直在努力理解他们的经历。为此，他们会构建出相应的理论来解释自己的印象和感知。然后，他们会将这些理论应用到新的体验和情境中，看看它们是否依然有效。这种体验、反思、解释其意义并将其应用于新情境的过程就是儿童的基本工作。这就是儿童创造出来的一种学习方式，他们会在这个构建中的概念框架体系中不断地进行添加和完善。

幼儿处理信息的方式与成人处理信息的方式是不同的。他们通常会对自己在游戏中看到和经历过的事物进行再组织和再排序。游戏是儿童学习的一个重要组成部分。正是因为有了游戏，儿童才能更加积极地处理他们的经历，检验他们的理解，完善他们的理论，并不断地应用和产生新的想法。

与实践相关的思考

各个州和国家级的早期儿童组织是如何对反思、解释和应用的行为进行分类的呢？

虽然反思、解释和应用通常不会同时出现在国家的学习标准中，但我们还是将它们列在了一起，因为我们认为，如果将它们看作相互关联的一系列步骤，那么我们就能够更好地理解这些标准。根据多年的经验，我们发现儿童在处理信息和从经验中学习的过程中往往会以一种联合的方式来使用这三种学习方法。

单独考察和理解这些术语会有助于我们进一步认识和了解它们是如何协同工作的。反思包括重新获得经验，重新思考，或者从新的角度和新的深度来思考问题。儿童经常会在游戏、对话、思考（无声或大声）、提问或与他人交谈时反思自己的经历。解释能够让儿童表达他们所学到的东西，并可以对这些内容进行更深入的探索和研究。儿童会进行假装游戏，参与各种角色扮演游戏，并通过模型、结构、故事、插图、音乐和动作等方式表达他们正在不断增长的各种理解。这些多样化的表达性语言会帮助儿童更好地处理和解释各种经验。而应用则能够以一种开放和开明的姿态来支持儿童接受这些新的解释，并在新的环境中运用他们所学到的新知识，而且儿童往往会在一个比以往更复杂、更困难的水平上进行运用。反思、解释和应用是密切相关的，我们需要深刻地理解这一点，而且要善于从这个视角来认识儿童的学习。它们是儿童构建起来的一个有利于吸收各种经验的概念框架，随着时间的推移，这一框架体系会变得越来越复杂、详细和精确。

对标准的应用

哪些可观察到的行为或指标可以用来判断儿童是否达到了反思、解释和应用的标准?

在我们关注反思、解释和应用这几项标准的过程中，我们对相关的指标和可观察到的行为进行了认真的研究和考察，找到了两个非常关键的要素。第一个要素是游戏。我们认为游戏在儿童学习和信息加工处理过程中起着十分重要的作用。第二个要素是时间。孩子们在思考问题和解决问题时需要让自己处于良好的状态，他们应该感受到从容不迫。这些需要他们具有充足的时间来完成自己正面临的整个学习和探索的过程。这个过程涉及大量的内容，他们需要记住过去的事件，需要思考它们的含义，要对经历和体验过的内容进行筛选并且能够将其中的一部分应用到以后的事情和事件之中。这样的一个过程是一个整体，需要有足够的时间和空间才能得以充分地展开。那些可观察到的行为标准更加强调儿童需要具有好奇心并乐于进行探索和发现，这意味着儿童正在达到和接近人们预定的学习标准，而根本不会以儿童得到了某一个正确的答案或制作出某一个正确的产品作为具体的目标。因此，我们认为这一标准进一步向人们强调了过程的重要性，进一步关注了儿童是否真正地参与了活动，同时更加关注了儿童在活动中是否发展和提高了自身的方法运用能力。

综合参考各个州关于3—5岁儿童反思、解释和应用的相关标准，我们概括出以下3条行为指标：

1. 儿童能够把以往的经验与新的情况联系起来，产生新的想法，提高理解力并做出预测；

2. 儿童能够对动机、意图以及他人正在想什么有初步的理解，能够进行推测并表达自己的想法；

3. 儿童能够通过游戏、表现和讨论等方法来处理信息和实践自己的想法。

体验反思、解释和应用的户外指标

指标1：儿童能够把以往的经验与新的情况联系起来，产生新的想法，提高理解力并做出预测

地衣

“看看这些小小的花！”

特雷尔一直在自己学校的花园里挖土。当他和其他同伴完成了挖土工作后，他们就一起把工具挂在了围栏上面。当特雷尔转身要离开花园时，他忽然发现花园里的一块雪松木板上有一些红色的东西，于是他停下来进行观察。特雷尔大声地对罗文喊道：“嘿，看看这个！”他们一起弯下腰，更加仔细地进行观察，他们会大声进行交谈，想知道这些红点到底是小虫子还是小花。他们的老师也加入他们的行列，并对他们说：“你们可以仔细观察，想一想你们究竟发现了什么！”她一边倾听他们的交谈，一边认真地记录他们所观察到的内容，然后提出了一个新的问题：“你们还注意到了什么？”

特雷尔在雪松原木上所发现的微型世界是短暂的。像许多自然现象一样，它可能会很快改变或消失。昨天它就已经在那里了吗？明天它还会在那里吗？这个微型世界有着一种神秘感，这种神秘感能够激发孩子们的想象力并引发各种各样的问题、对话、预测和调查。

自然世界的各种支持和提示总是在持续变化着。这表明户外活动的范围极为广阔，它能够为孩子们提供反思、解释和应用的大量机会。因此，教师需要确保孩子们拥有大量的、计划之外的时间和空间来四处闲逛，这样他们就有可能像特雷尔那样会在偶然之间发现一些有趣而美丽的新事件。

这些活动是你无法完全预先计划和批量制造出来的，这些课程并不是已经为儿童设计好了的覆盖一整天的课程。相反，它们属于那些可教的时刻，能够激发儿童的兴趣，能够让儿童对那些正在发生的事情产生浓厚的学习、探究和理解的欲望。儿童的兴趣也可以为更深层次的对话提供新的切入点。教师在这些对话中的作用就是帮助儿童清楚地表达和表现他们的问题，帮助他们完善自己的观察，并将他们当前的活动与之前的学习经验密切地关联起来。

以这种方式开展探索和与儿童进行对话是一种新的学习方式，会给他们带来极为丰富的内容。这种学习方式所关注的是儿童正在参与的过程，而不是为他们提供与答案极为相关的信息或者把问题的答案直接提供给他们。当教师以多种方式确保户外环境中包含着大量能够让儿童自己进行的无脚本活动时，这种探索和对话才有可能产生。

特雷尔和其他孩子已经在花园里工作了好几个星期了，但只有在这一天，他才注意到雪松原木上的微型世界。花儿已经变成了一种鲜艳的红色，这一现象和变化把他吸引住了。特雷尔不知道它们是什么，它们来自哪里，或者不知道它们正在做什么。明天这些花还会像今天这样红吗？它们会继续开放吗？它们会褪色吗？是不是在此之后表演就结束了呢？特雷尔期望能对此进行探索并回答这些问题，这些想法和愿望激励着他持续地进行观察，他想知道后面会发生什么事情。他想进一步了解和探索真菌所呈现出的有趣故事。而他的老师通过倾听他的问题和想法的方式来支持和发展他的兴趣，会与他一起思考所看到的现象，并且能够鼓励他继续进行思考和收集相关信息，支持他在自己的探索活动和游戏活动时间里继续寻找问题的答案。通过这种方式，教师有力地鼓励了特雷尔更加仔细地进行观察，支持他运用自己的经验来预测下一步可能会发生什么事情，再进行更多的观察，鼓励他把自己亲眼看到的和自己的预测进行比较。教师并不关心和担心答案的对错，而更为关心和关注特雷尔的思维过程及产生想法的能力。

褪色柳

"它就像这个吗？"

现在是户外活动时间，萨奇就要出去玩了。萨奇来到了一棵娇嫩的褪色柳的下面。她注意到一些毛茸茸的灰色柳絮已经开放，还露出了亮黄色的花粉。她停下脚步仔细地观察。在她调查的过程中，她的老师也加入了，老师希望她能对自己所看到的东西进行描述。萨奇大声地说，她注意到并非所有的花蕾都是开放着的，有些花蕾是紧闭的，有些花蕾是部分开放的，而有些花蕾则完全开放并露出亮亮的花粉。她的老师认真地听她说观察结果，然后又问她它们是否不同或者有的看起来是否会比较类似。老师问萨奇："它就像这个吗？"

从早春开始，从小花苞到花蕾再到种子的植物生长顺序，这些能够为孩子们和教师提供无数的学习机会。褪色柳是一种经常让孩子们着迷的植物，孩子们非常喜欢抚摩它柔软的、毛茸茸的柳絮。萨奇每天都会来到褪色柳的旁边，注意到那里有一些模糊的灰色柳絮会渐渐地像烟花一样绽放出绚丽的色彩。教师帮助萨奇扩展了自身的经验，会与她一起仔细观察，比较柳絮的不同发展阶段，还会耐心地询问她，哪一个会排在第一，哪一个会排在第二，哪一个会排在第三，并且会鼓励她大胆地猜想接下来会发生什么。自然现象在帮助儿童理解一系列事件方面具有巨大的潜力，因为随着时间的推移，儿童就可以在现实生活中直观地观察到这些自然现象。

萨奇是在一个精心设计和规划过的院子里玩耍的，这个院子能够为儿童提供关于季节变化和各种自然物变化过程的第一手经验。这条混凝土小路蜿蜒地穿过大片的乔木和灌木，这些乔木和灌木会在一年的不同时间里开花。具有不同形状、大小和颜色的花以及有着不同色彩、纹理和形状的叶子都可以供孩子们进行观察和触摸。乔木和灌木还会结出各种各样有趣的果实和种子，这样孩子们就可以直接地看到和接触到这些果实，就会知道种子是如何发育出来的。我们看到，院子里的这些植物都是教师根据儿童的需要精心挑选的。

这种多样性和丰富性能够激发和刺激孩子们的所有感官，会让他们注意到周围的各种变化，于是他们会进行探索和发现，并关注和思考接下来会发生什么。教师可以通过倾听和鼓励儿童积极表达自己的想法等方式，帮助他们进一步认识和理解他们看到的和感觉到的各种事物的内在意义。如果给予儿童充分的机会，那么他们就会用多种多样的方式表达自己所看到的东西，并把这些东西画出来，用绘画的方式进行概括和描述，做出具体的模型，还会在他们玩各种想象游戏时融入各种来自环境的元素。所有这些活动都能够支持儿童更加深入地参与对各类问题的探寻，并让他们产生许多新的想法，而正是这些问题和想法促使萨奇停下脚步，让她开始更加仔细地观察眼前的这棵褪色柳。

提示和讨论

如何体验早上、中午和夜晚的这种日常循环呢？如何体验一年中季节的循环呢？天气的变化是否会有助于儿童将过去的经历与新的情况联系起来并做出预测呢？你会如何支持儿童在大自然中的体验？

指标2：儿童能够对动机、意图以及他人正在想什么有初步的理解，能够进行推测并表达自己的想法

过家家

“亲爱的，什么时候吃晚饭？宝宝饿了，我也饿了。”

“我炖肉。马上就好。我得去拿豆子。你来抱一下孩子，搅一下锅。”

德尚、基安德拉和科琳正在幼儿园沙池旁的草地上玩扮演游戏。基安德拉是“母亲”，德尚是“父亲”，科琳是“小娃娃”。每个儿童在游戏中都显得很忙碌。基安德拉在沙地上挖了一个小洞，正在往里面添加草、树枝和树叶来炖晚餐。德尚正在用想象中的扫帚扫地。科琳则蜷缩着身子在树下午睡。当他们玩耍时，孩子们会相互交谈，他们会用“妈妈”“爸爸”“宝宝”“亲爱的”或“小宝贝”等词语来称呼对方。随着晚餐时间的临近，基安德拉开始准备晚餐中的最后一道菜，他从附近的一棵树上收集了一些紫荆豆荚，然后小心地把豆荚中的种子添加到他们的食物当中。

儿童在户外进行的一些富有想象力的游戏与室内的游戏看起来十分类似，而且这些户外游戏通常就是室内游戏的一种自然延伸，当然，反之亦然。这完全是人们意料之中的事情，因为儿童为解决自己面临的问题往往需要花费很长的时间才能较好地对这些问题进行梳理、整理和思考。当儿童努力了解周围的世界如何运转时，他们所属的家庭系统就能够为他们提供反思社会系统所需的第一手知识和经验。当儿童试图回答这些问题（如“我属于哪里？”和“我是谁？”等）时，就意味着他们开始对自己的身份问题产生了浓厚的兴趣。儿童需要花费大量的时间围绕这些问题开展交流和各式各样的想象游戏。

儿童会在游戏中扮演家庭或学校中的各种人物角色，他们会在游戏中成为父母和社区中的各种帮手，他们会通过这些方式探索和理解自己生活中的那些重要的人际关系。让这种游戏自然地延伸到户外，可以为儿童提供更多的时间、空间和道具来让他们更好地扮演这些角色。户外能够提供非常丰富的材料，而有些材料是室内无法提供的。自然世界所提供的道具是十分开放的，而且有很强的适应性，相对于那些与娃娃家游戏相关的人工制造的食品玩具、家具玩具和厨房用具玩具，这些自然物品会更受儿童的欢迎。在游戏中，那些根据真实的物品而模拟出来的人造玩具对于儿童的游戏往往具有一种明显的预期和导向效应，会在一定程度上暗示和提示他们采用设计者所期望的某种方式操作玩具。然而，在户外环境下，儿童可以用树枝、橡子和树叶做成的巢等材料来玩各种与家庭相关的假装游戏。因为自然材料具有不确定性的特点，所以儿童必须更加充分地发挥自己的创造力，这样才能赋予那些自然物新的、特定的意义。由于这些自然物品本身并没有被明确定义，它们所传达出来的信息较少，因此他们就需要更加努力地通过丰富的想象力进行再认识和再定义，并且尽力通过多种方式来表达和传递更多的信息。

儿童渴望来到学校的一个重要目的就是能够与大家一起分享和探索他们关于家庭的各种想法。家庭概念是一个人身份的核心，尤其是在个体年幼的时候。德尚、基安德拉和科琳都拥有描绘自己的家庭经历的动机。为了做到这一点，他们承担并扮演起了他们在各种环境（如家庭、社区、媒体和学校）中所遇见的各种角色。基安德拉和科琳在探索他们正在努力理解的相互关系时，使用了诸如“亲爱的”和“甜心”之类的人物称呼（他们可能在家里听说过这些称呼）。教师可以通过在户外和室内环境中提供充足的时间和空间等方式，来支持儿童开展关于家庭与社区的对话和各种富有想象力的假装游戏。支持儿童的另一种方式是与他们一起对人物角色和人际关系展开持续的讨论，从而帮助他们了解在生活中家庭具有各种各样的形式和不同的规模。如果儿童想要再深入理解家庭所具有的多样性，想更多地了解自己的家庭和他人的家庭，那么这种深入的交流和探索就是至关重要的。如果儿童想要对各种家庭（包括自己的家庭和其他家庭）的多样性有更多的了解，那么这种探索就会显得十分必要。

千足虫

谢尔比说："你必须提防千足虫。但是它们不会注意到我们，也不会蜇我们，因为我们从来不会去打扰它们。"

"我们不会向它们扔东西。我们从来不打扰它们。"奎茵对此表示同意。

当另外两个孩子走近他们时，谢尔比说："我们发现了一只千足虫。不要碰它。也许它要回家去了。让我们再去看看它。"

奎茵惊呼道："看！我想，它要进那个洞了。"

奎茵和谢尔比在游乐场的覆盖物上发现了一只很大的千足虫。他们蹲下来，花了好几分钟的时间观察这只千足虫穿过地表的覆盖物和灌木丛。他们一起就这只千足虫会如何移动进行了讨论。他们注意到千足虫有着亮黄色的腿，在它棕色的身体上还有醒目的黄色条纹。当

另外两个儿童走近时，谢尔比告诉了他们这一发现，并要求他们不要去伤害这只虫子。然后，她和奎茵一起继续进行调查，开始预测千足虫的去向，并看着它如何慢慢靠近灌木丛下的一个洞。

户外环境是一个可以共享的世界，儿童与包括昆虫在内的各种植物和动物共同存在于一个环境中。对孩子们来说，周围有太多的东西等着他们去探索、学习和发现，他们想知道在特定的环境和气候条件下周围都生活着哪些生物，想知道这些生物在整个季节中是如何应对环境的。当孩子们在自然世界中遇到各种小动物时，他们就有机会向它们学习，就可以更多地了解它们。这些经历和相遇是令人兴奋的，而且可以启发和促使孩子们进行各种各样的重要学习。

如果想知道应该如何保护好自己的安全，儿童就需要具有关于如何适当地应对自己周围的各种动物和昆虫的知识，并且需要在实践中进行具体运用。他们要知道不要轻易地接触昆虫和动物，应该在安全距离之外对昆虫和动物进行观察，这样就可以很好地保护动物，同时很好地保护自己。这种第一手经验的力量是无价的，可以让儿童具有无法通过其他方式而获得的深刻洞察力。儿童往往会在户外待上很长时间，这样他们就能获得大量的观察动物的经验，与自然世界形成牢固的联系。这将使他们更有可能成为环境的良好管理者。

谢尔比和奎茵向大家展示了真正的千足虫专家的信心。他们十分舒适地蹲在一起，边看边谈论着千足虫。一个缺少相关经验的儿童在这种情况下很可能会表现出紧张和不舒服，但是，这两个儿童显然正处在轻松、舒适和安全的状态之下。而这样的一种轻松是他们日积月累和长期实践后的一个自然结果。他们自身的经验能够让他们快速地识别出千足虫，预测它的行为，并且知道如果他们不去管它和碰它，只是看着它，那么，这条千足虫就不会伤害到他们。当他们清楚地知道了这一切之后，他们就完全不会表现出害怕，就可以积极地关注和思考整个事件。他们会向自己提出各种问题："它要去哪里？""为什么它会在灌木丛下移动身体？""它饿

提示和讨论

在户外环境中，在脚下和头顶上存在着广阔无垠的、神奇的动植物世界，而千足虫是这个动植物世界中的一个例子。那么，与这个活生生的网络体系的互动过程会如何支持儿童深入地认识和理解生物的各种行为呢？你会以何种方式来支持这种类型的学习呢？

了吗？”“它是在找食物吗？”借助于他们对自身的需求和各种动机的了解，他们可以将这些知识很好地应用在千足虫身上，并且能够深入思考它下一步可能的行为。这两个儿童的动机和态度是否正确并不重要，重要的是他们能够充分利用自己所知道的各类知识，将这些知识应用到一种新的情境中并期待着有新的发现。

指标3：儿童能够通过游戏、表现和讨论等方法来处理信息和实践自己的想法

青蛙屋

“这是我的青蛙屋。”

一群儿童和教师正在活动场地附近的树林里进行探索和发现。他们在树下一个长满苔藓的土堆前停了下来，然后开始寻找昆虫和其他生物。当教师问孩子们，在这个栖息地中很有可能会发现什么样的动物时，西奥大声地回答：“青蛙！”因为这个小组最近一直在对青蛙和蟾蜍之间的差异及其栖息地进行讨论，

所以，另一个儿童插嘴说道："不！蟾蜍！"稍后，小组成员们就一起就这两种动物及其对栖息地的要求展开了热烈的交流和讨论。

回到活动场地后，西奥从一个户外玩具箱中挑选了一只塑料青蛙。他把这只塑料青蛙带到了僻静处的一块岩石上，并收集了各种自然物，如苔藓、地衣、一片叶子、一小块树皮和一根雪松树枝的顶端。当他有了这些材料之后，他花了30分钟为他的青蛙建造了一个新家。

儿童需要有机会通过对话和游戏多次重温和探索自己的各种想法。通过这种方式，他们就可以测试并反思自己对世界运行方式的理解。在户外环境下，当儿童制作模型和进行假装游戏时，他们就可以在无穷无尽的材料中进行选择。大自然会向他们提供各种各样的材料，如树叶、大的树枝、小的树枝、岩石、沙子、球果、树皮、豆荚、橡果、苔藓、地衣和黏土。西奥开展的这个项目向我们展示出，儿童会如何在他们的假装游戏中创造性地使用这些材料进行探索和回答诸如"青蛙是什么样的？"等问题。在活动中，西奥使用了各种各样的自然物，并对它们进行了精细的区分，选择合适的物体来达到他预想的效果。因此，教师应当鼓励儿童以开放和原创的方式探索和使用自然环境中的各种开放性材料，这样就可以有力地支持他们不断地扩大自身思维的广度并提高其复杂程度。

对于动物栖息地这个研究话题，西奥表现出了浓厚的兴趣。他认为不同的动物需要不同的生存和生活条件。在树林里散步这一活动能够让他有机会比较不同动物的栖息地，从而推测出那里很可能会生活着什么样的动物。通过仔细地观察，他发现，由于存在各种各样的因素，如是否有阳光、是否处在阴凉处、是否处于潮湿的环境以及是否处于干燥的环境，每一个栖息地的植物和地形都会呈现不同的样态。他不仅能够牢牢地记住这些信息，而且能够把这些信息和知识运用到自己回到校园后所建立起来的微型生物世界中。

进行这样的迁移需要儿童具有反思、判断、内部驱动和专注投入等能力。这样亲身体验式、和第一手经验式的学习方式也能让儿童感到非常满意。这种学习方式能为儿童提供一种有效的途径来整理和思考各种复杂的信息。这种学习方式也能给儿童留出足够的时间和空间，让他们开展一系列活动，通过这些活动，他们就可以不断地自我表现和自我表达，他们会提出哪些事情是他们已经知道了的，哪些事情是他们想知道的，这样便能够使他们不断地开展更高层次的思考和研究。

橡树果的果壳

“这是一个酸橙。看，它有一根茎。”

“不是的，它太软了。”

“它黏糊糊的。它是块状的！”

“它像羽毛一样轻！”

“这里面是什么？”

孩子们正在当地的州立公园里探险。他们先顺着一条小路穿过田野，然后沿着一条平缓的河流往前走，之后又穿过了一片松树林和橡树林。一路上他们有很多发现。在遇到一大片蕨类植物的时候，孩子们十分兴奋地认出了它们，还根据他们在学校里读到的一本书为这些蕨类植物命名。他们发现一只背上有着彩色花纹的海龟正在一根原木上晒太阳。他们发现一种当地土生土长的杜鹃花灌木正在树林中散发出淡粉色的光芒。他们在树皮的下面发现了昆虫，于是停下来进行观察和思考，然后开始猜想，在每一次风吹过树林时他们所听到的那种可怕的吱吱声是不是由这些昆虫发出来的。加布里埃尔在路上发现了一个圆形的、绿色的、水果状的物体。他把它拿在手上，仔细地观察。就在这时，罗文也找到了与此一样的更大的物体。当这两个男孩开始比较他们发现的东西时，其他一些孩子开始注意到这些类似的物体散落并分布在小路的各个地方。于是，孩子们和教师聚在一起，开始谈论他们的新发现。

这个故事向我们说明，教师能够在户外的直接探索和儿童从图书或其他来源获得的知识之间建立丰富的对话。儿童会把户外看作一个野外实验室，通过运用以前的经验和知识对新发现的事物做出反应。因为他们已经对学校书本上关于蕨类植物的相关介绍有了一些了解，所以当他们在田野里忽然看到这些蕨类植物时，就仿佛遇见了一位老朋友。这种发现和认识的经验是十分强大的，可以帮助儿童建立对自己的认识和认知能力的信心。故事中的孩子们通过对这个地区进行命名的方式来表达这种满满的自信。“看！”他们说，“这个地区的名字就是‘小提琴的琴头’。”

各种图书、海报、图表等印刷媒体以及其他室内中心的物品都可以与儿童的户外学习有意义地联系起来。教师需要不断地增添和突显室内的各种资源，以此来应对儿童的兴趣、问题和各种季节的变化，并且要为即将到来的各种活动做好相应的准备。当这个故事中的儿童再次回到自己的活动室时，他们很可能会寻找各种图片来帮助自己识别和解释他们在森林的地面上所发现的这种奇怪的圆形物体。教师的一个关键作用就是要使儿童对特定的主题保持好奇心，帮助他们处理好在户外探索时的各种信息和想法。可以说，让他们从一开始就知道这是橡树果的果壳这一点并不重要，最重要的是，教师要提供大量的机会和丰富的资源来支持孩子们持续地发展自身的好奇心，要让他们能够对神奇的新发现表现出惊奇。

尽管孩子们和教师花了10分钟来进行调查、描述和讨论他们的新发现，但值得注意的是，当这个丰富的过程结束时，孩子们仍然不知道这个奇怪的果子是什么。他们带着好奇心和困惑离开了这里，他们会在下一次探访时表现出更加积极的态度，会看看这些绿色的球是否依然在这里，并且围绕这些绿色的球可能是什么而探寻出更多的线索。孩子们的好奇心将推动和吸引他们充分利用学校所提供的各种图书和工具进行进一步的调查。他们会向其他人讲述自己的故事，继续反思自己的所见所闻，不断地发展自己的理解能力。这里的一张图片向我们展示出了一个4岁的孩子在橡树果的果壳中所看到的纤维状物质。这是一个生动的例子，能够表明儿童在探索周围的自然世界时，会如何主动地采用各种方法来探寻和理解他们所遇到的谜团和问题。通过这些方式，儿童的调查过程也将持续延伸到这一具体事件之外。

你可以通过鼓励儿童重新审视经历、经验和问题来促进他们发展反思、解释和应用的能力，同时，你要努力地抵制立刻向他们提供“正确答案”的强大诱惑。简单给儿童一个答案会妨碍他们开展各类有价值的学习，会干扰他们的学习过程。这项标准让人们认识到了一个重要的原则：充分参与思考和解决问题的整个过程要比得到一个标准答案重要得多。儿童需要反复练习，不断地反思、解释和应用自身的经验，这样他们就可以成为优秀的问题解决者。

提示和讨论

这两个故事中，各种开放性材料（如塑料青蛙、苔藓和苹果酱）在支持孩子们游戏和处理相关信息方面会具有怎样的作用？在你的日常教学中，你所教的孩子们在户外时会遇到和使用哪些开放性材料呢？

进一步反思

应用反思、解释和应用的标准会如何影响你的户外教学？

本章中的故事展示了自然世界的模式、循环和重复是如何帮助儿童建立关于世界运作的概念框架的。通过访问和重温那些相关的、越来越熟悉的事件及现象，儿童可以整理和构建自己的理解。与大自然邂逅的奇妙历程能够为儿童提供他们在这个发展阶段作为学习者所需要的具体实践经验。“我们正处于这样一个时代……在这个时代中，学习路径是从手到头，而不是相反的。”（Wood，1997，p.33）儿童会用自己的整个身体进行探索，调用他们所有的感官。他们的日常现实生活活动成为反思的一个跳板，因为他们在筛选自己的经验时，会对自己所看到的现象进行思考，会对发生的事情进行解释，还会在对环境采取行动时充分地应用自己已有的经验和所学过的知识。

生活是一门无法用橡皮进行擦拭的绘画艺术。

——约翰·加德纳（John Gardner）

第八章

灵活性和韧性的标准

从生活经验这个角度出发我们就能更好地理解“韧性”这个标准和术语。它可以被人们看作一种从困难中反弹出来或者从具有挑战性的事件中快速恢复并继续面对未知挑战的应变能力。或者说，弹性和韧性也可以被认为是一种在不利的环境下仍能茁壮生长和持续繁荣的能力。它通常被看作个人的特征，能够使人度过压力期，同时保持自信和乐观。所有这些关于韧性的观点都与我们关于儿童发展标准的整体观点相一致，也有助于教师深入地认识和理解儿童。

然而，灵活性与儿童早期发展之间的关系可能不太容易被人们理解。灵活性作为一种学习方法意味着什么呢？灵活性是儿童表现出的一种能力，会让他们以一种既开放又坚定的态度来处理问题。灵活性包含这样一种想法，即一个问题存在多种多样的可能的解决方案，儿童必然会发现和寻找到其中一种！此外，它还意味着思维、观点和过程都具有可塑性。就标准而言，这意味着儿童能够看到并尝试和探索与研究课题相关的多种解决方法。例如，他们不会只用一种以前曾经成功的方法来解决眼前的问题，也不会在稍稍受挫和失败后就立刻选择放弃，而是会不断地重新组合并愿意再次进行新的探索和尝试。当儿童超越了他们通过学习总结出来的方法后，他们就会转而尝试采取一种不同于以往的新方法，而在此时，他们会自然地表现出这一标准所包含的相应的道德要求和伦理规范。

灵活性作为一种强大的学习方法具有重要的价值，关于这一点，可以借助舞蹈活动来帮助我们更好地认识和理解。那些熟练的舞者可以在舞蹈时表现出身体的弯曲、改变运动的方向、轻松地上下移动、保持身体平衡和伸展肢体等动作，而且他们在展现这些动作时充满了自信，能够清楚地感知自己在空间中的具体位置。同样，当儿童能够十分灵活地运用自己的思维——在适当的时候迂回、拓展、调整思考问题的方向以及尝试用新的方式看待和解决问题时，他们就会表现出强大的力量。

概述

为什么灵活性和韧性的标准对于儿童的健康发展十分重要?

在应对逆境以及从失败和挑战中恢复的能力方面，儿童往往表现出较大的差异。在受挫或失败后，有些儿童似乎比其他人更加有能力重新组合并能够再次“站起来”。这些儿童往往能够持续保持或者快速恢复一种积极主动的态度，并且善于通过每一次的经历学习到新的东西。他们倾向于以更加强大的意愿和兴趣来处理自己面临的任务和挑战，愿意尝试不同的方法，并且能够在工作中持续地进行更改或不断调整活动的线路和流程。而有些儿童则在活动中表现得不那么乐观、恢复速度不够快，并在犯错时显得过于紧张和犹豫，这样一来，他们从经验和经历中学习的能力就会受到更大的限制。这些儿童对于新任务的处理方式也往往显得更加死板和机械。在解决问题时，他们不太能够对原来的学习方法进行微调或者对原定方案进行必要的更改和调整。因此，随着时间的推移，他们可能会越来越不敢尝试和应对那些具有挑战性的新任务。

韧性指的是人们在面对失败时表现出的反弹能力或快速复原能力，而灵活性是指人们在解决问题时所具有的纠正或改变原有方法的能力。儿童思考问题的方式和与环境互动的方式越灵活，那么他们在面对新问题、新困境和新信息时就越能更好地表现出自身的创造力和创新精神。灵活性和弹性能够促进儿童在各个领域中获得良好的发展。

总而言之，灵活性和弹性是儿童学习和经历活动过程的重要品质，在儿童的整个生活中具有非常重要的价值。它们不仅会影响儿童的学习质量，影响儿童在学习过程中的抗压能力和水平，而且会影响儿童的自我认识和自我感受。教师在支持和帮助儿童保持灵活性和发展弹性方面发挥着关键作用，教师应通过多种方式支持和帮助儿童，教师自身应成为儿童模仿和学习的良好榜样，教师应在过程中与儿童进行有效的互动，构建适宜的物质环境并支持他们开展丰富而生动的项目活动。

教师可以通过多种方式来支持儿童发展自身的灵活性和弹性。其中最主要的方式就是教师要与每一个儿童建立牢固的个人关系，支持和培养他们之间的积极互动。同样重要的是，教师要创造一种支持和接纳的气氛，让儿童有机会犯错并从中学习。教师要以一种鼓励儿童做出选择和追求自己的目标与兴趣的方式来设计和准备环境，这样就能够以此种最佳方式实现教育的意图和目标。一旦我们提供了这样的环境，那么儿童就会有大量的机会培养自己的独立能力，就会变得越来越自信。

这个讨论向我们表明灵活性和弹性是如何密切地联系在一起的。对于一个新的问题，如果儿童能够灵活地运用多种策略，并且充满自信地确认自己有能力寻找到合适的解决方案，那么他们就更有可能应对各种挫折。这些儿童看起来会更加乐观、有自己的目标和信念。那些以开放的态度对待学习挑战或任务且能尝试用多种方法灵活地思考问题的解决方案的儿童，往往会表现出克服困难和恢复活力所需的强大韧性。这些儿童更有可能克服面临的障碍，会积极地探索和解决问题，并且最终会找到合适的解决方案。灵活性和韧性会帮助儿童发展解决问题能力，会有助于他们形成良好的学习方法。该标准也会不断地提醒教师在规划活动、设计空间和与儿童互动时，应当密切地关注如何支持儿童不断地练习和发展自身的灵活性，并努力以多种方式支持并促进儿童发展自身的韧性。

与实践相关的思考

各个州和国家级的早期儿童组织是如何对灵活性和韧性的品质进行分类的呢？

在审视和研究全国的儿童早期学习标准时，我们看到很少有人会将灵活性和韧性看作儿童学习者的重要特征。当“灵活性”这一词语出现在国家标准中时，它往往会与“创造性”“冒险”“解决问题”等词语交替出现。虽然在儿童早期学习标准中没有对“韧性”的明确阐述，但是它始终是儿童养成终身学习习惯的一个强有力的预测因素，因为它与儿童对自己的信念有着密切的联系。“韧性”这个词可以用来衡量儿童对生活的乐观程度，也可以用来衡量和表明他们在多大程度上相信生活为他们带来的可能性。

在生活中，韧性确实较难培养，它是一个全球范围内的良好品质，是儿童在学习过程中各种方法、态度、期望和信心的总和。在活动室里，当儿童被鼓励着在成功和失败的种种经历中学习，并且错误被视为学习过程中的一个基本组成部分时，韧性将被逐渐培养起来。通过正确的教育方法和良好的教育氛围，儿童往往从错误中比从成功的经历中学到的内容更多。在不影响自尊的情况下，如果儿童被教导如何认真地审视失败和错误并从中反思和吸取教训，那么他们就越有可能在保持积极主动态度的同时再试一次。在之后的岁月里，当这些儿童经历新的挫折时，他们就更有可能迅速地从挫败和沮丧中恢复。我们看到，这种灵活性和韧性一直存在于行动与实践中。

这里会将灵活性和韧性结合在一起进行讨论，我们坚定地认为这两者之间存在密切的联系。灵活性是儿童智力成长和思维发展中的一项重要技能。但是，更为重要的是，它还是一个社会情感因素，它与儿童的身心健康发展有着密切的关联，对于儿童自信心、独立性和幸福感的获得有着深刻的影响。灵活性和韧性能够让儿童在遇到困难时提出关键的问题，能让他们在陷入困境时知道该如何继续前行，也可以支持儿童持续地相信自己和自己的能力。

对标准的应用

哪些可观察到的行为或指标可以用来判断儿童是否达到了灵活性和韧性的标准？

当儿童自信并有掌控感时，他们通常会通过一些特别的行为方式（如身体动作、脸上的表情以及他们在与他人交谈、工作、玩耍时的态度和立场）表现出来。如果儿童对一个项目感受到所有权和掌控感时，他们会呈现出怎样的状态呢？关于这一点，我们很容易就可以想象出来。一幅清晰的画面会立刻浮现在我们的脑海中：这些儿童努力地完成一项艰巨的任务并取得成功。我们从那些经历和感受过主人翁精神和成就感的儿童的身上可以强烈地感受到一种积极向前和"站得很高"的感觉，这对于他们自身和观察者来说都是一种极好的体验。我们稍后将会列出相关的指标，这些指标会涵盖教师在观察儿童工作和玩耍时可发现的品质。要真正认识和理解这些指标的实际作用，教师就需要专注于儿童并认真地观察，通过自己的观察和专业判断等方式来评估儿童的发展。

综合参考各个州3—5岁儿童灵活性和韧性的相关标准，我们概括出以下4条行为指标：

1. 儿童能够表现出一种乐观感、主人翁意识和现实的个人控制感；
2. 儿童愿意尝试那些看起来较为困难的任务；
3. 儿童具有日益增长的控制冲动的能力，能够接受和适应那些计划外的、不想要的和意想不到的事件或结果；

4. 儿童乐于应对开放式的问题或难题。

体验灵活性和韧性的户外指标

指标1：儿童能够表现出一种乐观感、主人翁意识和现实的个人控制感

交通警察

“停！我吹哨子了，有的人停了下来！而他们都不停。她不停，他也不停。他们都觉得这件事情很有趣。”

凯瑟琳有一只亮黄色的哨子。她走到三轮车小径的弯道处，看着几名儿童骑车经过这里。当下一个骑手靠近时，她吹响了哨子，但该名儿童继续在拐角处前行。凯瑟琳转过身看着他骑车离开，再次尝试与下一个骑手进行互动。这一次，她一边吹响哨子，一边把自己的手臂伸向前方。但是，这名儿童仍然没有停下来。当凯瑟琳看到下一辆三轮车从拐角处驶来时，她再一次来到小路上，伸出手臂并吹起了哨子，同时大声地喊道：“停下来！”这一次，这名女孩把车子停了下来，微笑着对凯瑟琳说：“你是警察吗？”

儿童非常希望能有机会自己探索日常生活中具体的困惑、问题和经验。这是他们了解世界的主要工具和手段。儿童经常通过戏剧游戏等方式来探究社区生活、家庭生活和交通工具等话题。而户外十分有利于此类游戏的开展。在户外环境下，各种开放性材料会支持儿童发展自身的想象力。户外所提供的更大空间也能够让孩子们创建多个假的商店、办公室和家庭住宅，并在其中开辟出各种交通路线。

这些活动能够让儿童探索和理解各种社区资源之间的关联，同时让他们知道这些社区资源与自己的家庭生活之间存在密切的关系。这将能够让他们有机会想一想一个社区究竟需要具备哪些基本功能。帽子、停车标志和车辆等道具可以帮助儿童探索不同的社会角色，并通过“承担角色”的方式思考这些人在实际生活中做些什么，他们会对自己在社区中看到和遇到的成人表现出特别的好奇，所以这类假装游戏对于儿童来说具有非常大的吸引力。在游戏中，儿童会不断地完善和添加新的想法，会重新安排空间，而这样复杂的社区游戏也会在长达几天或几周的时间内持续地出现在游戏场地上。

凯瑟琳对交通警察这个角色表现出了浓厚的兴趣，她尤其关注与这个角色相关的权力。凯瑟琳期望用亮黄色的哨子指挥三轮车道路上的交通，并想让同伴都听从她的命令把车子停下来。尽管她能够坚持不懈地这么做并且下定决心，但是她逐渐发现这项工作比原先预期的要复杂得多。尽管一些儿童愿意与她合作并听从她的号令，但是其他儿童仍会径直通过，根本不停下车子，也没有向她打招呼。当凯瑟琳第一次试图阻止车辆通过时，她的口令被小伙伴们忽视了，然而她并没有放弃。相反，她多次改变自己的战术，不断地改变方法和立场，直至寻找到一种新的方式，在她的努力下，她终于顺利地达到了自己想要的结果。通过实践，凯瑟琳发现哨子本身并无法发挥魔法，只依靠哨子并不能让其他儿童配合自己的想法。通过保持灵活性并愿意尝试运用多种不同的方法，凯瑟琳才最终发现引发其他儿童与自己一起合作并共同参与到“交通警察”这个游戏中的方法。

黏土玫瑰

“要我教你怎么做玫瑰吗？我们从小玫瑰开始。然后你给它打分。”

“莫莉，你看！”

“太好了！你想在上面插一根树茎吗？”

“好的。”

“嗯，放一根树茎太容易了。让我们来滚出一条小蛇吧。看，这条是你的。想要在上面加一片叶子吗？你想画一个三角形吗？还是让我来画？这是你的叶子！”

几个儿童坐在外面的野餐桌旁。在这个空间里，教师已经设置并摆放了各种工具和材料来让孩子们操作和处理黏土。这里有装着各种各样的黏土工具的箱子，这些工具可以用来滚动、切割、按压黏土和绘画。除了有一大袋的黏土外，还有一个装水的容器和另一个装着某种胶水的容器（这种胶水是黏土和水的混合物，可以将碎片黏合在一起）。这里有各种各样的材料，有的物品可以压

印出各种纹理，有的小木片可以把边缘变得平滑，另外还有一根带有把手的绳子，此外各种各样的黏土板可以让孩子们根据需要切割出更多的黏土。旁边摆放着梅森奈特纤维板，孩子们可以把完成的作品安全地放在上面，可以在烧制前把这些作品晾干。

莫莉已经做好了一朵泥质的玫瑰。这时，她注意到比她大1岁的阿梅莉亚正在仔细地观看自己是如何工作的。于是，莫莉发出了新的提议和倡议，她向阿梅莉亚表示自己可以教她做玫瑰。在整个过程中，莫莉示范并对过程中的每一个步骤做了详细的解释，也会在阿梅莉亚遇到困难时及时帮助她。在莫莉的帮助下，阿梅莉亚终于做出了一朵玫瑰。当她们完成这个作品之后，阿梅莉亚就去拿来了更多的黏土，然后又开始了新的制作。终于，阿梅莉亚也做出了一朵新的玫瑰，而且这次她完全是凭自己的力量完成的。阿梅莉亚把这朵玫瑰小心地放在一块梅森奈特纤维板上，接着又去制作了几朵玫瑰。

由于在艺术活动中孩子们有大量的机会进行艺术创作并且可以通过艺术来表达自己，所以此类艺术活动会非常吸引孩子们并让他们受益良多。和在室内环境中一样，儿童在户外环境下所获得的艺术经历和体验将会让许多美妙的事情得以发生和展现。把艺术材料带到户外可以让孩子们有更多的时间和机会接触艺术，这将成为儿童感官体验的重要来源，会支持和发展儿童的自我表达能力，也会促进儿童发展精细运动能力并不断地提高创造新事物的能力。户外环境下的艺术体验活动能为儿童提供更加充足的时间，让他们对各种材料进行充分的探索、认识和发现。

这样做还有明显的好处，那就是儿童能有机会进行各类学习，能够把户外的各种元素十分自然地融入自己的工作之中。孩子们可能会描述他们看到的那些物品，会把各种自然材料融入自己的作品中。此外，对教师来说，这样做还有一个额外的好处：儿童和教师会发现，与室内环境相比，在户外环境下处理和清理像黏土这样的凌乱材料会变得更加容易和便利，大家所感受到的压力也会变得更小！

几天以来，莫莉一直在不断地提高自己制作黏土玫瑰的能力。这既是一项创造性的任务，也是她发起的一项复杂任务。那么，为什么莫莉能够在故事中以明显的自信和灵活的态度来完成这项艰巨的工作呢？首先，教师为孩子们创造了一个良好的氛围，这一氛围能够支持他们采取不同的方法来解决问题、尝试新事物、进行实验并能以犯一些小错误的方式进行学习。由于有了这种支持性的氛围，孩子们就可以相信他们确实能够“做任何他们想做的事”，就会表现出一种富有弹性、积极乐观的态度。

在这个故事中，孩子们获得了大量接触黏土等开放性材料的机会，莫莉在教师的支持下也能连续几天在自己选择的活动中进行深入的探索和试验。莫莉慷慨地表示，愿意与另一个孩子共同分享自己的技术和技能，她以这种特有的方式来向人们表明，她对自己的想法拥有清晰的所有权。在活动过程中，莫莉能够为阿梅莉亚建立一个完整的活动模型，耐心地分析每一个步骤，努力让自己的解释与阿梅莉亚的回答、问题和需求相匹配。为此，莫莉能够

提示和讨论

通过《黏土玫瑰》这个故事，我们可以清楚地看到，教师在环境中的设置、规划和空间调配是影响莫莉扮演教师角色的关键因素。那么，在生活中，你有没有观察过与此相类似的活动案例呢？当你在户外开展活动时，你怎样做才能够让孩子们感觉到不仅可以拥有自己的工作，而且可以持续地掌控好自己的工作呢？

聚精会神地观察和倾听。为了与自己所扮演和担负的教师角色相匹配，莫莉展现出了极大的思维灵活性，她会在讲述的过程中对每一个步骤都进行微调并彰显自己的个性和想法。阿梅莉亚也从莫莉身上学到了技能，而且十分自信地将其应用在自己的身上，并以特有的方式展现出自身的独立性和自主性，而这恰恰是她所获得的一个重要成就。在此之后，阿梅莉亚又完全依靠自己的力量独立地做出了好几朵黏土玫瑰。

指标2：儿童愿意尝试那些看起来较为困难的任务

玩沙区

"你能不能不要再这样对待他了！就从现在开始！"

卡丽、布里顿和塞思正在沙池区玩。他们在一个大塑料桶里装满了沙子，然后继续在上面堆沙子，沿着桶的边缘一直往上堆，把沙子堆成了一个金字塔的形状。三个儿童都非常专注于自

己的任务，似乎没有注意到周围的情况。乔治是一个年龄偏大的孩子，没有参加此次活动。他走到了塞思后面，把一把沙子放在塞思的肩膀上。当塞思没有做出任何回应时，乔治又做了同样的动作，这一次他把沙子撒到了塞思的衣领上。虽然塞思本人仍然没有做出反应，但是布里顿却明显地表示了自己的反对和抗议。布里顿要求乔治立刻停止这种行为。“你能不能不要再这样对待他了！就从现在开始！”事实上，乔治确实停了下来，他看了看布里顿，犹豫了一下，然后小心地拍掉了塞思肩上的沙子。

户外活动为儿童提供了许多互动和练习社会交往技能的机会。在户外，儿童往往可以进行更多的自由活动，并以一种无预定脚本的方式在一起活动和相互交往。因此，他们可以在这个过程中不断地练习各种社会交往技能，如解决冲突、谈判、分享、轮流和其他重要的社交技能。通过大量的练习，儿童就能够在这样的环境下获得这些技能。这使得户外活动既是一个难得的机遇，也是一个重要的挑战。教师必须时刻关注那些发生在园所内的各种不同类型的人际互动。他们必须充分了解每一个儿童的需求和技能。在儿童遇到困难或者与同伴产生社会冲突时，教师要能够进行评估和衡量，要能够清楚地知道自己是否要介入、应该如何介入以及何时介入这些活动。由于我们的总体目标是要让儿童的社会交往能力变得越来越强，要让他们自己学习如何相互合作并解决问题，因此，教师就必须允许儿童在活动中不断地练习和发展自己的人际交往技能。户外有着独特的优势，能够让儿童获得丰富多样的感觉体验，蕴含着各式各样的自发事件，能让他们面对多样化的选择，这样一来，户外就可以为儿童提供大量持续的机会，从而让他们不断地练习和完善各种重要的社会交往技能。

显然，乔治也想和伙伴们一起在玩沙区玩，但是他似乎不知道该如何做才能顺利地参与他们的游戏。在社交技能有限的情况下，乔治最初的接触方式让其他孩子感觉不太舒服。我们看到，乔治缺乏必要的社交技能，不知道该说什么，也不知道该如何行动才能加入并成为玩沙团队中的一员。在某些情况下，他对塞思表现出的轻微的、略显咄咄逼人的攻击性行为反而让他与这个团队进一步产生了隔阂。

通常，当某个游戏伙伴以消极的方式寻求大家的关注时，小组中的一些儿童很可能会缺乏有效的应对技能和经验。在这种情况下，他们很可能会对那个有不适当的提议和行为的儿童表现出态度和行为上的排斥。然而，假如儿童在现实世界中能够练习如何相互交流和谈判，并将其作为其游戏的一个组成部分时，他们就有可能会发展出一种彼此协助并修复这种尴尬遭遇的社会交往技能。在这个故事中，布里顿就通过直接向乔治喊话的方式明确地向他传达出，他需要有一个不同于以往的良好行为表现才有可能加入他们的游戏。这样一来，布里顿就给了乔治一个纠正自己的错误的机会。乔治不仅停止了他正在做的事情，而且试图通过清理塞思肩膀上的沙子来弥补自己的过错。他正在通过努力纠正自己的错误的方式让自己加入这个游戏团体。

在这个故事中，当塞思还不能为自己进行辩护时，布里顿能够挺身而出来帮助塞思进行辩护。许多像布里顿这样的儿童往往会对同龄人的遭遇表现出强烈的同情心，并且坚信什么是对的、什么是错的。在保护塞思的权利时，布里顿能够像在品德课上进行过的模拟表述那样去做那些自认为是正确的事情。她是带着充分的决心、勇气和信心去说话的。作为一个团队的领导者，自己在为他人进行辩护时需要具备较多的技巧，同时需要平时就参与过大量的相关练习。当孩子们充分相信自己时，他们就能够较好地发展这种能力，就可以表现出足够的自信和灵活性，就能够在不同的情况下尝试选用不同的方法。当他们拥有一位善于观察和陪伴并且做好准备在必要时随时介入的老师时，他们就更加能够承担起这项重要而艰巨的工作。在这种情形下，乔治、塞思和布里顿的老师非常聪明，能够给予他们宝贵的机会，能让他们充分地利用这一整年中他们一直在学习、探索的社会沟通工具和技能，能让他们尝试着独立解决和应对此类社会沟通和人际交往状况。

手部清洁

“我能做到！”

教师邀请了一名当地的农民带着一只大山羊和两只小羊羔一起来到了学校并和孩子们待了一整天。而本次活动是一项关于食物、农场和农场动物的扩展研究活动的一个组成部分。这是一个阳光明媚的三月的早晨，在户外活动时，孩子们有机会看望山羊妈妈和它的两个孩子。教师在参观期间为山羊制作了一个可移动的围栏。

在出门之前，教师会和孩子们一起回顾和讨论如何用安静的声音和温和的动作来保护山羊，同时让孩子们意识到在活动的过程中大家也需要充分保护好自身的安全。教师为孩子们提供了观察山羊的不同选择，大家可以选择站在圈外观察山羊，也可以选择与教师组成小组走进圈内仔细地观察山羊。一些儿童

选择站在围栏外，这样他们就可以从一个十分有利的位置进行观察，他们可以看到小山羊是如何受到山羊妈妈的照料的，以及它们是如何跳跃和嬉戏的。也有一些儿童选择走进围栏内进行观察，他们可以轻轻地把小山羊抱在腿上，轻轻地抚摩小山羊。

在这些活动结束后，当孩子们离开围栏区域时，教师会特意提醒他们要在洗手站处停留一会儿，对此教师已经做了十分周到的考虑和安排，她将洗手站设置在了围栏的门口之外。当凯文和迪尔德雷在洗手站处排队并轮流洗手时，年龄小一点的迪尔德雷站在那里停了一会儿，她仔细地观察凯文是如何将消毒液按压到手上的。在认真观察之后，她自言自语地说："我也能做到！"然后她就自信地走上前去。她把肥皂液挤压到自己的手上，然后用双手使劲地揉搓，并在自己离开这里去玩游戏之前仔细地查看双手，看看自己是否真的已经洗干净了手。

户外活动让孩子们能够充分地接近他们周围正在持续运作的动植物生命系统。他们可能会看到当地那些土生土长的动物，能有机会观察它们的外观和行为。更重要的是，儿童还会对那些与食品生产相关的农场动物有更多的了解，同时可以更加具体地了解当地的农场动作方式。很多教师认为，带儿童一起去农场进行实地考察是实现这些目标的最佳途径。当前，各个学校已经越来越清楚地意识到儿童与动物经常接触具有重要的意义。当地农民往往是协助学校实现这一目标的良好合作伙伴，他们可以较为便利地把农场的动物带到学校中。

了解动物和照顾动物可以让儿童具有同理心和责任感，能够让他们逐步开始了解各种食物的来源。食物的来源对儿童来说是一个重要的概念，然而，在很多儿童对世界的理解中这一点往往是缺失的，甚至连一些成人也越来越缺乏这一概念。富有创意的教师会与当地有资源且有资质的相关机构进行密切合作，会寻找符合健康和安全法规的方法，以便让儿童能够持续地获得与动物相关的重要的实践经验。这些经历和经验会有助于儿童对他们生活背后的那些基本联系进行深入的探索和研究。牛奶从哪里来？奶酪是怎么做的？鸡都会下蛋吗？它们是怎么做到的？水果和蔬菜是如何生长的？小麦是如何变成面包的？在现代社会中，每个人都应该了解和知道食物的来源。在生活中，教师享有这个独特的机会来支持儿童持续地认识、了解和构建各种事物之间的联系，这将有助于他们成年后在如何管理环境和保护环境方面做出正确的判断和决定。

> **提示和讨论**
>
> 《手部清洁》这个故事是一个生动的例子，向我们表明许多早期学习标准同样适用于教师和儿童。请你想一下：这名教师是如何在满足重要的健康要求方面表现出灵活性的？教师处理这个问题的方法对儿童有什么样的好处？在户外时，你会如何既充分支持儿童的学习，又确保儿童的健康呢？

迪尔德雷知道，她应该在和小山羊玩耍后去洗手。在室内时她已经能够较为熟练地用肥皂和水洗手，通过大量的日常练习，她已经能够独立地完成这项工作了。在户外环境中，这个任务有所改变，这对她来说很可能会更有难度。她的老师十分了解和清楚洗手的重要性，因此，她在动物围栏外设置了一个洗手站。这样就能够让每个人在和动物接触后立即去洗手了，而且她能够在孩子们这样做的时候在旁边密切地观察他们。迪尔德雷径直来到了水桶的旁边，她先仔细地观察了凯文的行为，看看他是如何仔细地用手擦拭消毒液的，凯文一直在用手指仔细地进行揉搓，直到完成了这件事情。由于受到凯文这一示范行为的鼓舞，迪尔德雷充满了信心，这将有助于她清楚接下来该做什么，尽管对她来说这是一项陌生的新任务。

指标3：儿童具有日益增长的控制冲动的能力，能够接受和适应那些计划外的、不想要的和意想不到的事件或结果

独处的地方

加布里埃尔决定休息一下。

和往常一样，这是在活动场上忙碌的一天。一些儿童在沙地上挖洞，修建运河和水坝，而另一些儿童则在花园里工作，把他们几周前种植在室内小花盆里的豌豆移植到花园里。而在山下更远的地方，几个男孩和女孩正骑着三轮车，他们头戴消防员的帽子，模拟警笛发出响亮的声音，然后向一处假装的着火点跑去。

加布里埃尔一直在和几个朋友玩奔跑的游戏，他们会从操场的一端飞奔到另一端。突然，他离开了这项快节奏的活动，走到了吊床的旁边——这是一

个大家共同约定好的“独处空间”，当孩子们在外面活动时，他们可以随时来到这个空间。加布里埃尔靠在吊床的一侧，做了几次深呼吸，他注视着周围各种繁忙的活动和景象。安静地休息了一会儿后，他舒了口气，跳起身来，又重新加入其他同伴的游戏中，和他们一起开始做各种快节奏的动作。

户外是一个典型的、繁忙的、活跃的地方。在这里，孩子们需要有一个安全的空间，可以让他们在户外工作和玩耍时能够休息一会儿。例如，在上述故事中，我们看到吊床就给孩子们提供了一个快速休息的地方。孩子们以多种方式使用它。像加布里埃尔一样，他们可能会让自己趴在上面喘口气。当他们的感情受到伤害或感到不知所措时，他们就可以试着通过较长时间的休息来让自己恢复心理上的平衡。这是一个重要的安全空间和地带，当孩子们学习管理和控制自己的情绪冲动时他们就可以充分利用这个空间和地带。当他们感受到愤怒、受挫或情绪不稳定时，他们就可以从活动中脱身并重新进行新的活动规划。当他们还没有准备好加入某个游戏活动中时，这里也是一个非常好的观察游戏的地方，一个可以躲藏的好地方，孩子们可以在这里观察场地中正在发生的事情，并且可以就自己如何以最好的方式进入自己感兴趣的游戏中进行思考和规划。

此外，访问一个独处的地方也可以为儿童提供一种与朋友沟通和交流的新方式，在这里他们可以适当地处理那些让自己感觉不好的事情。而像吊床这样单独的空间可以支持儿童进行一些身体的摆动和晃动，这样就可以特别有效地帮助儿童恢复平衡，让他们的感觉系统处于一种更好的平衡状态。

实际上，加布里埃尔在和朋友们一起跑步时玩得很开心。他不停地奔跑，会从游戏场地的一端到另一端来回地飞奔。这种游戏需要耗费大量的体力和注意力。在某个时刻，他在瞬间让自己耗费了过多的力气。而当这种情况发生时，他就可以把这片独处的空间当作自己的一个临时休息地，在那里他可以喘口气并让自己休息一会儿。这个单独的空间既可以向他的朋友表明目前他想休息一下，也可以让他在观看他人活动的时候让自己产生新的想法。在为儿童规划和装备户外学习环境时，教师应充分了解和掌握儿童的身体、社会情感、语言、创造力和认知等方面的相关信息，并将其合理地应用于他们所设计的空间和场所中。这一点十分重要。

抓住一片叶子

“我要抓住一片叶子！”

这是晚秋的一个微风习习的日子。大多数阔叶树的叶子都变了颜色，许多叶子掉落在地上，于是在活动场地上就出现了一层脆脆的、嘎吱作响的地毯。今天，当风再次卷起树上剩下的叶子时，其中一些叶子就会从脆弱的树枝上挣

脱下来。它们在空中飘动，在落到地面之前它们会一直在空中嬉戏般地跳舞。

菲恩正在一旁观看树叶的飘动。他的目光紧紧地跟随着树叶，从一片树叶再到另外一片树叶，他看到许多树叶都飘落在了自己的周围。看了一会儿之后，他大声地喊道："我要抓住一片树叶！"于是，他伸出双手，穿过院子，奔向几片还在空中旋转的树叶。但是，在树叶落到地面之前，他仍然无法抓住它们。之后，他又发现更多的树叶在落下，于是就向另一个方向冲去，期望在树叶落地之前能够抓住它们。

经过约15分钟的多次尝试之后，菲恩的脸上仍然挂着微笑，稍后，他来到了活动场地边上的一堆树叶前。他俯下身，抱起一大堆的树叶，将它们抛向空中，让它们落在自己的头上、肩膀上以及手中。

很多让儿童感到十分有趣的户外活动是无计划的，具有自发性，而且都是在瞬间完成的。这些活动直接来自他们手头的材料并且与这些材料本身的属性有关，直接来自此时此刻正在发生的事情，来自大自然对儿童个人的呼唤。教师往往觉得自己有责任为儿童不断地提供新的学习经验。然而，我们要相信，儿童自己就能够寻找到有价值和有意义的学习机会。他们已经配备了可以激发出有意义的学习的各种工具。这些工具就是孩子们的好奇心、好问的求知态度、内在的动机和对探索的渴望。这些品质像司机一样会在适当的时候把他们带到适当的地方，让他们遇到和面对各种有意义的问题。在户外环境下，我们尤其能够看到此类情况，那里有许多学习内容等待着儿童进行大胆的探索和深入的研究。

教师面临的一个重大挑战就是应该如何集中自己的精力，以便让这些课程得以顺利实施。有时，教师需要后退，要给孩子们一个空间，让他们为自己创造学习的时刻。仔细地观察这些课程的实施，你就可以判断出什么时候可以提出问题、予以支持、提供额外的材料和协助，以及在什么时候教师只需在一旁静静地观察。

菲恩正在从事一项具有挑战性的活动。当树叶从树上落下时，风以意想不到的方式吹动着树叶，这让他很难在树叶落地之前抓住它们。虽然他多次调整了策略，如跑得更快，用双手去接，在树叶还在空中很高的时候就紧随树叶，但是他仍然无法达到用手抓住一片树叶这一既定目标。然而，他依然表现出顽皮、乐观和坚定的态度。他把每一次的尝试都当作一次新的机会。在多次的尝试之后，他兴奋地重新组织了整个活动，以此来体验他想要的成功。他抱起了一大堆的树叶，把它们扔到空中，这样他就可以确保自己终于能够成功地抓到一片树叶了！

提示和讨论

在《独处的地方》和《抓住一片叶子》这两个故事中，男孩在没有获得教师的直接帮助的情况下，主动地克服了自己面临的困难。你认为教师的计划和行为应该如何支持儿童独立地完成自己的任务呢？你认为教师在什么时候应该选择等待和观察这一策略而不是直接干预呢？

指标4：儿童乐于应对开放式的问题或难题

太阳的研究

“我正在让我的手变得闪闪发光。你可以把你的手伸进沙里摩擦。这样，你就会让你的手变得闪闪发光了。”

米兰达正在和一个朋友一起跑步。在烈日下，她流着汗。她用手擦了擦自己的脸，然后就爬进了阴凉的沙池里。她独自坐在那里，太阳晒在她的背后。米兰达凝视着天空，然后漫不经心地用手穿过冰冷的沙子。她慢慢地感受着沙子的质地，筛选着手中的沙粒。米兰达举起自己的手，此时她的双手沾满了沙子，她仔细地看着自己面前的双手。忽然间，她的脸上露出一种很感兴趣的表情。她慢慢地转动自己的双手，一次又一次地移动着手，然后开始对自己手上那闪闪发光的变化展开了新的探索。

在户外，儿童会与明暗、反射、阴影以及大自然中各种丰富的色彩进行强有力的接触。他们能够亲身体验和感受自然光的特性、相关现象以及其所揭示的内容，这些都是他们在室内环境下极难获得的经验和体验。在户外环境下，他们可以观察各种阴影，而且可以和阴影在一起玩。当阳光穿过花瓣或树叶等彩色物体时，他们会看到此时各种事物会发生新的变化。儿童会对雨滴和水坑中的反射现象进行研究，会观察光线照射在水、沙子和其他物体表面时所形成的各种现象。在天气晴朗或阴暗时，他们会体验和感受到光线的不同变化和呈现方式。他们会看到阳光洒在树林的树枝之上。他们会在一整天的时间里注意与观察光线和阴影的持续变化。这种伴随发生的、具有偶然性的学习所具有的价值是很难精准估量的，但是，这种学习对于发展儿童的理解力具有极为重要的价值。体验光线以及光线与物体的相互作用不仅具有美学上的价值，而且为儿童的思维发展创造了一个新的科学框架。

米兰达在她的校园里被晒得又热又不舒服。于是，她就自己找了一个阴凉的地方，她从以往的经验中知道这个地方更加凉爽和舒适。当她到达那里后，她就参与了一个她未曾计划的活动。她把出汗的手伸进了冰凉的沙子里，而当她把手拔出来后，她惊讶地发现手上面覆盖着一层精美的水晶。当她把手伸到面前更加仔细地观察时，一缕阳光掠过她的肩膀照射在她的手上，同时也照亮了她的脸。就在此时，她看见某些沙粒会像镜子一样闪闪发光，还有一些沙粒会像棱镜一样把光线分解成许多不同的颜色。米兰达对这件事很感兴趣，她花了好几分钟的时间静静地思考："这里究竟发生了什么事情？"通过调查她所看到的现象，她大声地自言自语，她对这种神秘的、意想不到的事物产生了浓厚的兴趣并陷入了深深的思考之中。

云彩的研究

"快往上看呀！那些白云马上就要变黑了。云会先变成灰色，然后变成深灰色，我想今晚我们睡觉的时候天上就会下雨，天会变得非常黑，然后天上就会出现五颜六色的云了。"

这是一个阳光明媚的日子，天空中有大片蓬松的白云。索菲亚、杰克逊和米拉躺在大楼旁边的水泥门廊上，谈论着他们最近一直在玩的一个球类游戏。他们的身体很放松，舒舒服服地躺在人行道上，把球当作枕头。当一朵掠过的

云彩突然遮住了太阳时，他们的身体变得紧张起来，他们停止了交谈，一起抬头仰望天空。

天气变化充满着各种戏剧性，儿童也可以随时对此进行观察和思考。和成人一样，儿童也对天气非常感兴趣。天气的变化会引起他们的注意，并让他们对正在发生什么和即将发生什么产生各种各样的猜测。观察天气可以让儿童把天气与一天和一年等周期性的概念联系起来，可以让儿童了解和发现各种反复出现的模式和事件，并引发他们产生无数的问题。云朵在天空中飘荡，能够随着风穿过花园，下雨时水坑中积满了水，水会顺着山坡慢慢地流淌下去，这些都是儿童在计划外的户外活动中所见到的丰富景象，而且他们会从中获得大量的益处。随着时间的推移，随着不断地注意、观察、推测和测试他们自己看到、闻到、听到和触摸到的世界，儿童关于自然系统的知识也会不断地得以积累和丰富。

索菲亚、杰克逊和米拉在当天的早些时候参加了一次龙卷风演习，他们共同对云、风和风暴的运动进行了讨论。后来，他们将自己看到的天空中的情况与之前课堂上关于龙卷风活动迹象的讨论联系了起来。他们会一起观察天空，会注意到云彩并能够对云彩的形状和颜色等细节进行描述。他们对云彩移动的速度和方向也进行了讨论，并将其与风速进行比较。他们对天气即将发生的变化做出了自己的推断和预测。由此可见，他们不仅能在课堂工作中获取信息，而且能将其应用到户外的观察中。

在正规的课程与儿童的自主活动之间存在着丰富的伙伴关系。亲身体验能够让儿童构建起自己的知识，并且能够将大人们教给他们的知识与他们在现实世界中自己的发现联系起来。这个故事向我们展示出儿童是如何系统地测试并将他们听到的信息应用到接下来的经历之中的，这样他们就可以通过此种方式不断地扩展和完善自己的认识与理解。通过提供充足的时间和丰富的户外环境，教师就能够对儿童期望理解周围世界的这种自然倾向和内在意愿起到良好的支持作用。

提示和讨论

在《太阳的研究》和《云彩的研究》这两个故事中，儿童都能够对一些重大的想法展开探索和讨论。户外充满了各种谜团和开放式的问题，而且并非所有答案都是成人已经知晓的。在儿童不断探索和发现的过程中，你觉得自己能够以怎样的方式来支持他们呢？

进一步反思

应用灵活性和韧性的标准会如何影响你的户外教学?

户外是一个不断变化的地方，许多真实的故事正在同时展开。树叶在飘落，雪在融化，阳光正在跳跃，虫子正从地面冒出来，等等。仅简单地待在户外，儿童很快就会明白，有趣的事情总会发生在眼前，大自然的循环模式是有规律的，是可靠的，也是可预测的。他们开始知道，今天错过的事件明天可能会再次发生，或者其他一些激动人心的事件也很可能让他们产生浓厚的兴趣。户外活动能够为儿童提供多样的、可变化的体验，会不断地激励和鼓舞儿童，会让他们变得更加灵活和更富有灵性。

菲恩追逐着树叶，在树叶的邀请下，他时而快时而慢，有时会转向这个方向，有时又会转向那个方向，这取决于风是怎么吹的，也取决于树叶的重量和形状。当菲恩没能抓住一片树叶时，他便知道另外一片树叶很快就会出现，他还会有另外一次机会。当他的策略都不起作用时，各种材料就会出现在他的手边，于是他就可以重新调整自己的行为来实现原先设定的目标。

当儿童被邀请以各种方式做很多不同的事情时，他们几乎总能找到一些他们都喜欢且擅长的事情。户外的这种灵活性使它成为有着第二次机会的地方，成为一个儿童很难失败的地方。一个可知、有趣和可靠的环境会帮助儿童培养积极乐观的态度和想象力，同时会让他们更加具有灵活性和韧性。在这样的环境中，儿童有机会调整方向，并开展新的活动，这些新的活动同样具有吸引力，同样是有趣的，也同样具有挑战性。由此我们可以看到，自然世界会激发儿童的自信心，培养其乐观的精神，并支持他们发展灵活性、韧性和快速的自我恢复力。

像树木、灌木、路径、隐藏之地和攀爬攀登之类的每一个游戏空间都是清晰可见的实体，都具有独特和内在的结构体系。

——保罗·谢泼德（Paul Shepard）

第九章

建构户外学习——环境与教师

在这本书中，我们将各种标准和指标作为一种透镜或视角来观察与分析儿童在户外的经历和体验。儿童的故事和背景各不相同。这些故事让我们看到，在深思熟虑、精心设计的环境支持下，儿童能够获得丰富的经历和体验，而这样的环境既可能在城市，也可能在乡村；既可能在大型的活动中心，也可能在一个小型家庭托育中心。故事中的孩子们有着不同的文化和社会经济背景，有着不同的能力和需求，对于自己的经历和经验也有着独特的期望和情感。他们的多样性极为明显，其关注点是不一样的，而且其注意力的范围也是不一样的。这些故事让我们看到，环境是如何有效地满足他们的兴趣和需求的，尤其是让我们认识到，自然世界是如何以一种独特且极为深刻的方式来应对儿童的参与的。这些故事揭示出，环境、每一个儿童和每一位教师之间始终存在着持续不断的对话。这种三方对话的结构能够积极地支持儿童在户外进行一场场强有力的学习。

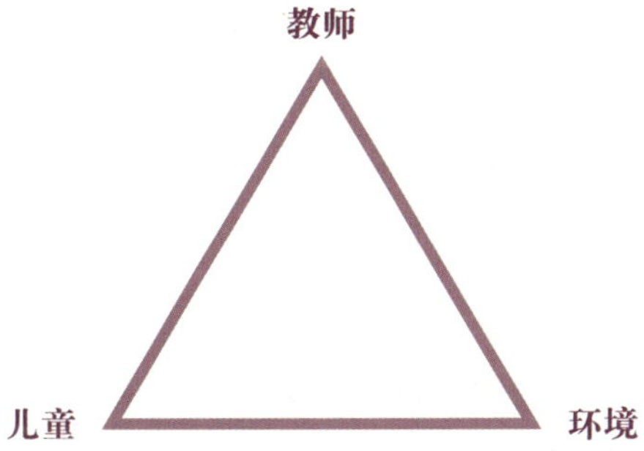

这些故事讲述并阐明了儿童在户外学习的重要作用，而这些重要作用在过去很少被人们真正认识到。这些故事向我们描述了儿童在户外的学习行为，记录了他们的语言，让我们看到儿童是如此善于通过强有力的直接经验式的学习来逐步创造与发展出新的意义和新的价值。这些描述和反思也提供了许多新的见解，让我们真切地看到环境是如何支持儿童的成长和发展的。书中的图片以生动的方式向我们展现出故事发生的各种具体环境，有时候在图片中我们也能真切地看见那些专注地和儿童在一起工作的教师。这些故事和图片重点聚焦于儿童在各自的学习过程中的角色，同时对儿童如何使用环境的过程进行了记录。

本章通过关注环境和教师如何合作，通过关注环境和教师在户外如何支持儿童获得学习体验来不断地充实整个教育的愿景。在这里，我们考察了环境的质量和特点，以及教师有效参与儿童户外学习时所需的态度、技能和理解。本章还重温了书中叙述过的那些精彩的故事，并重点关注故事中的环境和教育者。正如早期学习标准所描述的那样，每一条标准都能够积极有效地支持儿童获得健康的发展。通过反思这些故事，作为教师，你就可以更加清楚地知道在你、环境和你所教的儿童之间的对话中你所扮演的角色。

自然环境提供了一个独特的丰富的环境，可以让我们与之互动并能在其中进行探索。儿童在户外环境中所产生的想法是非常深刻的，这些想法是支撑我们这个世界的概念结构体系中的重要组成部分。例如，孩子们每次在户外玩耍时都会接触到物理学、生物学、植物学和地质学等概念。在户外，儿童会沉浸于相互关联的系统和伟大的想法之中。这使得户外成为儿童练习和运用其学习方法的理想场所。

因此，大自然在支持儿童达到早期学习标准方面起着关键的作用。在哪个地方儿童能够自在地仰面躺下并在脑中思索云彩在天空中移动的原因？在哪个地方他们能够观察到一棵绿色的树会在秋季变成一棵金色的树，并且看着它的叶子一片一片地落到地上？在哪个地方儿童能够发现青蛙在产卵，或者碰到一只死去的鸟儿并开始思考动物或人死后会发生什么？在哪个地方儿童能够发现小桶里昨天的水居然在今天变成了冰块？因此，对儿童来说，许多发生在户外的事情不可能再发生在其他任何地方。这些大自然中的谜团和神奇的转变能够让他们将标准应用到强大而有意义的现实生活事件中。书中的故事记录了那些无法发生在室内环境中的有趣的故事和经历，当然这些故事也无法简单地从户外环境复制到室内环境。

儿童与自然环境相互作用的过程具有动态的性质。在自然世界中，每一个行动都是学习和了解因果关系以及事物如何运作的良好机会。在这里，儿童可以不断地应用和实践他们的学习方法，不断地修改和完善他们所用到的策略。这种持续的对话过程可以让儿童从经验中学会要采用哪种方法、何时运用这种方法以及通过哪种具体的途径来运用这种方法，这一过程会让儿童更加成熟和自信。儿童不可能在仓促中完成这个过程。这个过程不是线性的，无法严密控制和精确引导。在这个过程中，教师的角色就是要规划好环境，让儿童有时间探索环境，从而让他们能够更加自信地应对各类事件并且管理和把控好自己的学习。

教师的独特作用

像大多数教育者一样，你来这里开展教育教学是因为你关心孩子，并想着该如何更好地支持他们进行学习。在你一路的成长过程中，你会随身携带你所积累的一切工具，包括你的经验和教养、你所受的教育以及你所接受过的专业培训。你希望充分利用好自己的工具并充分调动自己的全部精力来为你所照顾的儿童带来最大的支持。你也知道你仍在学习之中，仍处在专业成长中。在这个领域工作的好处之一就是，你将永远有机会这样做。对户外学习进行规划这项任务始终充满了挑战，而且这也让儿童的学习和成长充满了多种可能。通过充分地认识到户外活动的强大力量，通过从内心深处接纳和欢迎户外活动，你就可以从多个方面来扎实有效地推进和改善你的教育教学实践。

儿童和教师的户外学习与活动过程有着密切的关联。在户外，你可以看到儿童一直在思考、推理、解决问题、冒险、反思、解释、创造发明和坚持。换句话说，你见证了学习者如何学习的所有基本过程。因为户外环境很容易就可以让儿童接触到各种材料和想法，因此，户外环境可以积极地鼓励儿童自然而然地参与到这种广泛的学习方式之中。在户外环境中，所有的标准都会自然而然地付诸行动，而且通常不需要教师直接指导。知道了这一点，你就可以更加清楚地知道在儿童户外学习时教师的关键作用是什么了。

教师在户外的角色与教师在室内课堂上的角色之间有着质的不同。户外活动要求你做出转变，要求你改变自己，要求你更加专注于观察、支持和扩展儿童的学习。户外活动会让你较少地关注活动的内容和产品，而更多地要求你关注儿童的活动过程。一些教师曾接受过某种培训，会更加习惯于从内容和技能的角度来思考课程，期望能够通过计划好的、较为连续的活动来达到相应的结果和目的。教师在户外的这种转变会让他们产生新的认识，即认识到通过适当的资源调配就可以让户外活动的学习内容更加丰富。正如本书所述，大量的学习内容已经嵌入儿童的户外互动过程之中了，儿童在户外时会与各种开放性材料、变化、自然系统以及动植物的生活等元素进行充分的互动。自然世界提供了如此丰富的课程，这样一来，你的角色就转变成了观察者和认可者，你需要做的事情就是去关注儿童在做什么和正在学习什么，然后再仔细考虑自己应该如何扩展和支持儿童的探索和游戏。此外，各种标准和指标为我们思考和分析儿童的工作和游戏提供了重要的框架。

如果没有这样一个框架，我们可能会忘记户外游戏的时间是儿童最主要的一个学习时间段。虽然教师作为活动监督员的传统角色仍然十分重要，但是，教师在户外的角色仍然远远地超出了监督这一范围，而且非常复杂。为了最大限度地为儿童提供学习机会，教师必须做到真正“投入”和“在场”。你需要通过观察、提供材料、记录、提问、分析、扩展和具体参与活动等方式来积极地支持儿童的学习。这些标准和指标提供了一个框架，可以用于识别和评估那些发生在我们周围的重要的学习机会，从而能够让教师更好地支持儿童的学习。

这种学习可能很难被识别和理解，因为它遵循的是儿童的主动性，是以零零散散、点点滴滴的方式进行的，而不是按某种固定的顺序进行。而且这很难被观察到，因为儿童正在不同的层面上进行着独立的探索。那么，教师随之而来的各种动作、参与和内容就需要确保让每一个儿童都能够在适当的水平上参与相应的活动。因此，这样的高标准就要求教师在更好的层次上进行思考与分析，需要教师直接与儿童和材料进行接触，从而能够真正地理解每个人的想法和遇到的问题。可以说，理解儿童经历和经验的深度既是这种教学的先决条件，也是对教师的一种奖励与回报。

从这个角度来看，标准提供了一个有用的路线图，通过对儿童复杂多样的学习方式进行分类，我们就可以对他们的行为进行识别，就能够更好地理解和思考他们的学习。一旦儿童的学习方式被识别出来，那么你就可以扩展并帮助他们不断完善他们正在使用的策略和方法。

这些故事向我们展示出，儿童的方法会如此频繁地得到教师的支持和回应。在本书所描述的许多环境中，我们看到，当教师表现出与儿童相同的积极品质和学习态度时，儿童就会呈现出最有意义的学习行为。在生活中，好奇、专注的教师总是会被好奇、专注的儿童紧紧包围。那些鼓励儿童模仿和敢于提出开放式问题的教师会得到儿童的奖励和回应，儿童会自己提出问题并解答问题。当教师们表现出坚持不懈时，儿童就会更容易参与和坚持下去。那些善于设置环境，善于鼓励儿童进行选择和独立思考的教师更有可能培养出独立和自信的儿童。你可以看到，教师的行为和态度会直接影响到儿童能否获得高质量的活动体验。儿童参与与标准相关的学习活动的深度和程度也会在很大程度上受到教师所采取的方法的影响。

本章的其余部分将更加深入地研究教师所展示出的与支持户外学习相关的一些呈分散状态的技能和行为，如提供材料、观察和反思、关系构建、规划和重组。在本章中，我们还对自然环境中那些有助于儿童学习的特定元素进行了研究，例如开放性材料、变化、自然系统以及各种各样的动植物。教师和环境都在丰富儿童的户外学习环境方面做出了贡献。只有当你充分地与环境进行合作时，儿童才能以最好的姿态积极地参与进来，才能让他们寻找到“恰到好处”的地方，能够让他们感到自己是有能力的，是可以胜任学习和游戏活动的，同时感到舒适和惬意。

各种开放性材料的作用

儿童会通过操纵物体的方式来表达自己，他们也会用这种方式探索世界。他们需要大量的机会借助周围的物品来进行操控、安排、排序、分类、构建和想象活动。手边的材料越多，种类越丰富，那么儿童就越能够充分地发挥和运用自己的想象力。西蒙·尼科尔森（Simon Nicholson）提出了开放性材料理论，他说：“在任何环境中，创意和创造力的程度以及发现的可能性都与环境中变量的数量和种类成正比。”（1971）。户外环境的礼物之一就是它能带来无限数量的开放性材料，如岩石、树枝、树叶和沙子。此外，这些自然材料具有不确定性，很容易被儿童塑造和改造为游戏中他们想要表达的任何东西。相比之下，人工制造出来的玩具通常已经内含或嵌入了一个已有的故事或某一个已有的建议，而且这个玩具中已经包含了如何使用它们和怎么玩的信息。这些都会在某种程度上限制儿童的想象力，而大自然中的这些开放性材料却没有这样的限制性，并且都是完全免费的教育材料。它们随处可得，随时可用，能够吸引儿童，而且能够在较长的一段时间内持续地引发和保持儿童的注意力。

《石头人》这个故事向我们表明，户外环境中提供的少量的碎石块和石英石就可以成为发展儿童推理能力和解决问题能力的有力工具。

在《橡树果的果壳》这个故事中，孩子们在自然环境中受到了启发，于是便去仔细观察并共同讨论他们所发现的绿色小球。他们在好几天的时间里一直在反思、应用和解释自己的经验，而且他们会采用绘画和阅读等方式向他人讲述自己的发现。

《青蛙屋》这个故事描述了一种更复杂的关于反思和解释能力的实际应用。在这个故事中，西奥使用了他收集到的开放性材料，其中包括一些天然的材料（如苔藓、树皮和地衣）和一些塑料质地的青蛙，这些材料会进一步支持和帮助他继续对青蛙及其行为进行探索，同时帮助他扩展关于青蛙的知识。

《面包房》这个故事向我们展示出各种开放性材料所具有的可利用性会如何有力地支持孩子们的想象力和创造力的发展，并如何有效地扩展孩子们的游戏。孩子们从标准的蛋糕盘、量杯和沙子开始，组装起了美丽的"蛋糕"。他们会用五颜六色的叶子、树枝、棕色的种子和橡子来装饰蛋糕，他们以这种方式把自己假扮为生活中的面包师。

在每一个故事中，开放性材料可以让儿童找到他们需要的东西，从而支持他们以最好的方式来表达自己的想法并探索自己的问题。你可以看到，在环境中，让儿童有机会拥有大量的、不同的材料非常重要，这样可以支持其实践他们正在努力理解的特定想法。

各种生物的作用

自然世界中的动植物会如何经历生存、生长和死亡呢？关于这一问题，儿童和成人都非常感兴趣。植物会有自己的种子，然后种子会慢慢地发芽，再长大成为一株成熟的植物，最后会再次形成自己的种子并把种子传播出去，这样一个完整的植物生命周期向儿童呈现出一个可以被观察到和预测到的生命演进序列。儿童还可以在自然世界中观察到各种独特的植物适应现象，对不同物种的部位、形状和大小进行比较。儿童总是渴望了解周围植物的活动情况，并且期望能对植物所经历的不同生长阶段有深入的认识和了解。儿童也对动物的生命周期充满了兴趣。动物的生长遵循着简单且可预测的模式，即出生（或孵化）、成长、生活、死亡。在一些动物（如两栖动物和昆虫）的生长模式中，它们展现出了一个更复杂的生命循环周期，其中包括如同魔术一般从蛹变为成虫的蜕变现象。昆虫为儿童提供了一个观察完全蜕变的机会，儿童可以观察到它们从卵到幼虫，到蛹，再到成虫的整个过程。儿童在动植物的生长发育过程中所看到的动植物的不同阶段和变化会给他们的学习带来大量的机会，他们会发现自然世界中充满了谜题、谜团和令人惊叹的事物，有待他们去观察和发现。在户外，可以清楚地看到这些作为环境的一部分的生物的生长模式和阶段会一次又一次地重复呈现出来，而且每一次都略微不同且令人着迷。

《花园日》这个故事向我们展示了种植植物和创造户外花园，可以为孩子们创造在户外共同开展各种趣味活动的机会。正如故事所揭示的那样，这项活动涉及的内容十分广泛，包括在苗床上挖掘、种植和浇灌植物等。通过在整个生长季节里精心地照看和维护花园，孩子们就能够对他们所种植物的各种变化以及各种植物的不同生长阶段有一个全面的观察和了解。他们周围的成人在工作时显得十分小心和谨慎，力求只为孩子们提供最低限度和最有必要的帮助与支持，期望在这个过程中孩子们能够感受到自信和独立。在活动中，孩子们可以亲身参与和直接体验，并充分地把握好各种机会，同时自觉地承担起照料植物的职责，这些都会让孩子们拥有一种主人翁的意识，从而成为良好的管理者。

《甜叶菊》这个故事向我们表明，随着时间的流逝，孩子们会与学校的花园以及花园中的个别植物建立深厚而真实的友好关系。迈克尔在学校那个名为“请来品尝我”的花园里学到了很多关于甜叶菊的知识，他能清楚地记得它的气味、味道以及叶子的形状。当他来到已经发生了很大变化的冬季花园里寻找甜叶菊时，就顺利地运用了这些知识并且能够清晰地表达他与这种植物的密切联系。

在《死去的小鸟》这个故事中，贾里德在停车场发现了一只死去的小鸟，这激发了他所在的团队进行探究的好奇心。随后大家展开了一场生动的讨论，在讨论过程中孩子们清楚地表达了他们对于这只小鸟是如何死去的，以及这只小鸟为什么会死去等问题的猜测和预判，这场对话也让孩子们对生与死这个深刻的哲学问题有了更多的思考。

在《千足虫》这个故事中，谢尔比和奎茵能够目不转睛地关注和观察这种多足虫的活动。他们会仔细地观察虫子的外观、移动动作和行为方式。这些行为向我们展示了儿童在反复观察、全神贯注和仔细学习户外动物的机会中所获得的那份自信与轻松。女孩们对千足虫正在做什么、它要去哪里以及它为什么会去那里等问题十分感兴趣。大家能够根据自己对动物的了解来反思自己的所见所闻，并努力地进行思考和解释，反复地思索这些现象意味着什么。

儿童应认真地观察和学习植物与动物的行为、需求以及它们的生命周期，这将促使他们达到更高的发展标准并进入更高层次的思考之中。这些经历会鼓励和支持孩子们努力地回答和解释那些发生在他们周围的问题，并且能够支持他们采用不同的方法来解决不同的问题。

教师在准备和供给过程中的作用

在这种情况下，准备和供给指的就是通过创设环境来为儿童准备和提供各种开放性材料和各种各样的动植物。自然界中充满了大量的材料和有趣的故事。供给和准备能够成为儿童学习的一种预备和预热。准备和供给也意味着教师在选择和提供合适的户外材料和教学方面具有重要的作用。教师既要有对艺术的判断能力，也要有专业的判断能力，教师要知道在什么时候提供什么样的材料可以支持和扩展儿童的学习。教师需要有丰富的经验和精准的判断，这样才能够清楚地知道儿童什么时候需要得到教师的支持，才能够知道儿童需要得到教师怎样的支持以及需要得到多大程度的支持。因为最终的目标是要让儿童感到自己被赋予了充分的探究权力，让他们知道自己具有独立思考的权利，所以教师在关于是否要准备和供给以及如何准备和供给方面进行深思熟虑和反复权衡。准备和供给的内容很广泛，这其中包括匹配不同阅读水平的科学图画书和故事书、放大镜、绘图材料、定制的材料和音乐作品，以及各类供儿童使用的物品和材料，而孩子们将会借助这些材料来开展由他们自己决定内容和进程的探索游戏。每一项供给的作用最终都是为了响应和回应孩子们的兴趣方向，这些供给也将有力地支持和促进儿童持续地实践自己的想法并且不断地想办法来解决自己所面临的问题。下面是一系列关于教师如何以及何时提供具体的物品和材料来支持与拓展儿童的学习的故事。这些故事也会涉及教师的教学准备，这些都将有助于我们从更抽象和本质的层面来理解准备和供给这一教育理念。

在《捕食的螳螂》这个故事中，教师注意到孩子们对花园里的昆虫越来越感兴趣。在一个月的时间里，她提供了连续的材料来支持他们的兴趣，并积极地鼓励他们通过主动探索的方式解答自己的疑问。在这里，这些各式各样的材料就是支持儿童参与与标准相关的学习活动的一种有效手段，在材料的支持下，孩子们会与其他同伴和成人一起进行讨论、咨询和合作，他们会通过提出问题和深入调查（推理和解决问题，指标4）等方式来开展自己的探索工作。

在《黏土玫瑰》这个故事中，我们对材料和教学资源的作用进行了讨论。这个故事向我们展示出这两个孩子是如何一起努力、相互支持和共同学习的。教师事先为孩子们布置了一个舒适的工作空间，并提供了丰富的黏土和多种类型的工具。故事本身没有直接提到教师之前为孩子们提供过哪些指导。为了积极回应每个儿童的意愿和兴趣，这名教师在一整年的时间里都在开展即兴的微型课程。这些微型课程包括如何使用工具，如何在一大块黏土上切下一小片黏土，如何揉捏黏土以去除气泡，从而防止其在窑中发生爆炸，如何将黏土块连接在一起。随着时间的推移，孩子们不断地探索并练习自己的技能。在这个故事中，莫莉之所以能够担当起教师的角色，是因为她的技能十分扎实。由于教师已经精心准备了各种材料并给予孩子们适当的指导，因此，莫莉也在活动中表现出一种乐观的态度、主人翁精神和对现实的个人控制感（灵活性和韧性，指标1）。

教师的供给有赖于自己的观察和反思。这些是幼儿教育工作者所需的关键的专业技能。在充满活力的户外环境中，儿童不断地表现出主动，不断地有新的发现，并且可以自己设想和策划许多新的活动。伴随这样一系列可能的行动和结果，教师能够看到儿童会参与那些令人意想不到的强大的学习活动。儿童会根据自己的兴趣自主选择和设计自己的户外活动。这些将会让户外环境显得比室内环境更加繁忙和不可预测。孩子们在户外学习中这种出乎预料和无计划的天性，使得他们能够充分地发展自身的观察、反思和解释能力。

教师在扩展学习中的作用

通过仔细地观察和倾听，你可以进一步了解儿童在户外做的各项重要工作，同时能够知道他们需要你去做什么。你要想一想，儿童是否需要有额外的工具或材料来支持他们的猜测和想法呢？这些物品可能包括记录观察结果的画纸和记号笔，一本关于如何寻找他们曾经见过的昆虫的指南，一个可以更近距离地观察有趣的岩石的放大镜，或者是一些有助于延伸他们的演奏活动的音乐作品和服装。教师还需进一步想清楚，在当前的情况下，为了帮助儿童不断地澄清和确认自己的想法，自己是否给予儿童充足的机会来谈论他们所看到或经历过的事情呢？

“请告诉我你发现了什么。”

“你认为这个虫子会用这个长长的部位来做什么呢？”

“你觉得这个小豆荚是从哪里来的？”

你要思考一下，儿童是否需要有一个合适的问题来帮助他们扩展自己的思维呢？这时，或许你可以这样询问儿童：“如果你试着用另外一块积木支撑你的这座大桥，那么，你觉得会怎样呢？”

或许，儿童需要有更多的时间和空间独自进行工作，而在这个过程中，教师无须进行干预或中断他们的工作。了解儿童在户外的工作和游戏以及清楚地知道应该如何回应儿童，要求教师具有复杂的判断能力。随着你待在户外的时间越长，你所积累的实践经验越多，你的观察能力和反思能力就会得到加强和完善。观察儿童和他们的活动，将会帮助你不断地提高根据儿童的兴趣和需求而制订相应计划的能力，同时会有力地帮助你提高支持儿童和协助儿童的能力和水平。

在《使劲地推》这个故事中，我们看到，伊丽莎似乎参与了一项对她来说十分有难度和挑战的任务，刚开始时，尽管经过了多次尝试，她还是没能把三轮车推上山。伊丽莎的老师没有立即进行干预，而是在一旁密切地观察，并且等待了足够长的时间。教师根据自己的分析和判断，意识到伊丽莎在这个过程中没有表现出过度的失望和沮丧，而是在想办法持续地应对挑战，同时她在不断地对自己的方法进行微调。伊丽莎能够根据每次尝试获得的信息来调整自己的策略。我们看到，这名技术娴熟的教师为伊丽莎提供了持续探索与尝试的空间和时间，这将有助于伊丽莎最终获得成功并达到自己的目标。

在《拉拉链》这个故事中，玛迪逊参与了一个很可能会让人感到沮丧和窘迫的活动，也就是学习如何拉上冬季夹克的拉链。一些成人很愿意直接帮助甚至代替孩子们系鞋带和拉拉链，而不是鼓励和支持孩子们自己动手去做这些事情。这其中的原因有很多，如节省时间、避免沮丧以及避免拉链和鞋带缠在一起。然而，玛迪逊却能够有机会在这个有趣的挑战中持续地进行尝试和努力，最终，她成功地学会了如何拉上自己的夹克上的拉链。她带着满满的自信和自豪感独立自主地完成了这项任务。当她主动提出帮自己的朋友拉拉链时，教师也给予了支持并让她有时间和机会进行尝试，让她能够在这一个最具困难和挑战的阶段来持续地运用和发展自己的技能。在活动中，教师始终保持着随和的态度，并且随时准备在必要的时候介入，进行适当的干预，这样一来，就可以最大限度地帮助玛迪逊继续巩固她的新技能。

这些故事都是教师如何给儿童提供扩展学习机会的好例子。在每种情况下，教师会寻找机会，努力地为孩子们提供他们自主做事情所需的各种资源。我们看到，如果教师能够耐心且仔细地进行观察，能够在反复的观察和等待后再参与进来，那么，这将会给孩子们带来极大的益处。

儿童与自然之间的关系的作用

孩子们在户外的经历让他们见证和认识到每个人和每件事相互关联且相互依存。正是在自然世界中，他们找到了大量的确凿的证据，这些证据可以证明一切事物确实与其他事物相关联。在这里，儿童开始意识到这一切并将之内化，儿童是人类的一部分，也是整个世界中不可或缺和不可分割的一部分。他们在户外工作和游戏的一个完美结果就是对自然世界的规则不断地形成自己的新认识和新理解。儿童能够为自己构建出一个关于这个复杂的物理系统如何工作的心理模型。他们平时会反复地玩水和倒水，那么，经过一段时间之后，他们自然就会认识和了解到水总是会从高的地方向低的地方流动。他们平时会种植幼苗，会看着它们向太阳伸展枝条。他们会看到树木在秋季时落下叶子，见到这些树木在春天时又会长出新的叶子。他们不仅能够发现和认识到自然世界正处于持续的循环之中，会意识到自然世界有着自身的完整体系，而且能真切地体验到自己是如何影响周围环境以及周围环境是如何影响他们的。

在《抓住一片叶子》这个故事中，菲恩参与了一场落叶的游戏，他不断地调整自己的动作，试图预测树叶的速度和方向。树叶本身就会对季节的变化做出自己的反应：从树枝上脱落，被重力牵动以及被风的力量推动。这种复杂的舞蹈表达出所有的游戏参与者之间的相互联系，这些游戏参与者包括树、重力、风、天气和儿童。通过亲身参与，菲恩对自己周围的秋季世界有了更多的了解。

在《雪秤》这个故事中，基里能够制订并执行一个计划，因为她的调查向她揭示出了一条关于雪对压力的反应规律。通过坚持不懈的探索，她终于发现了一条潜在的自然规律。她通过手和木板对雪施加压力，不断地挤压着雪，这一过程会释放热量并让雪成为冰。通过反复试验，她创造出了她想要的效果，并发现自己可以像使用胶水一样用冰把木板黏合在一起。

《关于水的工程》这个故事向我们表明，当孩子们能够花很长的时间在一个项目或想法上时将会发生什么。通过共同创建一个项目，孩子们就会有很多机会来观察水。他们仔细观察并积极响应强大的水流冲下山坡的运动，而且发现水流具有移动其他物体的能力。筑坝和改道等活动能够使他们很好地理解和运用因果关系，并且能够帮助他们更深入地了解他们正在使用的材料具有哪些基本的属性。

在大自然中游戏能够使人感到无穷无尽的开心和乐趣。儿童能够对大自然不断发出的触摸、测试、探索、关注和仔细观察等种种邀请做出积极的回应。在这个过程中，儿童可以认识到自然世界具有内在的结构，具有潜在的可靠性。期望自己能够成为自然世界节奏和规则的一部分，期望着能够了解到自然世界的更多奥秘，这些都会给孩子们带来一种强烈的归属感。如果有了充足的时间和机会，那么，孩子们就会与自然世界建立深厚的联系，在这里他们会感觉到一种越来越明显的亲切感和自在感。

教师在建立良好的人际关系中的作用

作为一名教师，你所做的工作的核心就是与孩子们建立友好的关系。正是这些关系的质量决定了你与每一个儿童的互动在多大程度上是恰当和有效的。它会影响和引导你如何应对孩子们的成长、发展和需求。当你非常了解儿童，并与他们建立相互信任和充分肯定的友好关系时，你就创造了一个良好的环境，就可能为孩子们提供有价值的支持，就可以进行有益的干预，并且开展适当的以儿童为本的教育教学。

与儿童建立和发展起相互作用的、真诚的和充满活力的关系是一项艰巨的工作。这需要你在自己的职业生涯中持续不断地完善和积累大量的技能和策略。其中包括强大的人际交往能力、良好的沟通能力、敏锐的倾听能力、不断生长着的观察能力，以及对儿童发展所持有的清晰而扎实的专业理解能力。建立良好的相互关系还需要人们持续地、开放式地进行学习。通过经验、培训和实践，你可以不断地获得新的技能，不断地改进工具和方法，并能在你的能力宝库中增加新的能力，比如和儿童一起更好地合作的能力，以及深刻地认识和理解儿童的能力。

正如这本书所展示的，儿童在户外学习的大部分内容来自他们周围的材料及其变化着的和正在发生着的各类“事件”。在这种环境下，你所进行的大部分的教学会直接来自你面前的内容或经验。就像孩子们一样，你必须沉浸到你眼前的经历和体验当中，并积极地与之相适应和呼应。你必须成为一个“活在当下”的学习者。通过与儿童分享你的问题、发现和惊奇，你就可以与他们建立一种相互信任的伙伴关系。

户外学习本身所蕴含的亲身实践性意味着人们需要将与儿童之间的密切关系置于极重要的位置，同时意味着成人需要具备随时和及时回应儿童当下需要的能力。如果儿童能够经历和体验到安全与信任的相互关系，那么他们就会更加善于沟通，提出更多的问题，会更多地分享他们的观察结果，也会更加自信地表达自己的关注点、兴趣和成功的体验。与儿童建立牢固的关系会有利于鼓励和支持儿童的对话和探究，这正是儿童学习的一个重要组成部分。具有灵活性和理解力是早期教育环境中教师需具备的基本的教育教学能力，尤其是在户外环境下。在户外环境背景下，我们发现，儿童会主动地参与到如此多的开放式项目活动之中。

在《面包房》这个故事中，我们看到，教师与儿童之间密切的关爱关系可以有效地帮助教师进一步地理解和满足儿童的需求和情感。利亚姆花了很多时间和精力制作了自己的假蛋糕。当突然宣布到了清理时间时，教师便迅速地意识到，利亚姆对自己因规则不得不放弃工作成果而感到非常失望。基于对幼儿的深刻理解和对他们的情感的敏感，再加上教师所具备的灵活应变和快速思考的能力，这名教师提出了一个适宜的解决方案——把蛋糕留给鸟儿吃，这样一来，既满足了利亚姆的需要，也遵循了幼儿园通过清理工作来结束户外活动的要求。

《松鼠的储藏地》这一故事向我们表明，当教师忘记了应坚定地相信孩子们确实会获得有价值的发现成果时，将会发生什么和出现怎样的情况。这个故事也向我们提供了一个十分有价值的案例，可以说明直接教学有时会阻碍那些重要的发现学习。当威廉所在的小组正在树林中散步和行走时，威廉正全神贯注地寻找冬季动物活动的迹象。他专注而警觉地扫视着地面，搜寻各种有趣的事情并进行调查和探索。后来，他获得了一个极不寻常的发现，他发现了一个真正的松鼠储藏地，松鼠在那里储存了许多各种各样的过冬食物。然而，带领他这一组的教师并没有把工作的重点放在孩子们身上，而是放在了寻找冬天的动物的活动足迹上。由于教师一直在寻找着冬天的动物的活动足迹并在反复思考和琢磨着该如何组织好自己的教学内容，因此，她就没有关注和支持孩子们与环境之间的互动，这样一来，威廉的发现几乎没有引起他们的注意。

那些与儿童建立起牢固的积极关系的教师会学习并认识到，他们完全可以把儿童看成自然的、积极的和好奇的学习者。这些教师会更加擅长参与和拓展孩子们的发现式和探究式学习。

伞式项目法

户外活动和项目通常都会具有一个来自自然环境的内在结构。在户外，每一个事物都与其他一切事物相关联。当花开时，蝴蝶会出现；随着浆果的成熟，鸟儿会到来；当地面干燥时，灰尘就会扬起；当下雨时，泥浆就会出现。教师可以学会理解并充分利用这种相互联系的品质，以此来支持儿童获得强有力的学习经历和体验。在户外环境下，儿童会亲身体验自然事件的因果关系，同时可以感受动植物生命中的那些可预测的顺序和序列。

将户外的内容相互关联起来的结果就是，在每一项计划好的活动中都包含着大量的吸引儿童参与的额外的探索活动与调查研究。如果教师愿意让儿童根据自己的兴趣通过各种各样的方式参与活动，那么，一些新的探索活动和调查研究就会自然而然地开展起来。这种开放式的规划方法需要教师设计和规划出一个引人注目的项目，需要教师不断地提供材料以支持儿童反复通过不同的方式进行探索和发现。这种方法常被人们称为“伞式项目法”。

《三个老土豆》这个故事向我们展示出“伞式项目法”在户外环境下是如何完美实施的。在故事中，教师一开始计划的是一些互不关联的活动，即“在花园里种植土豆”，然而这个活动渐渐地引发了各式各样的新调查，并激发孩子们开展了大量的独立探索活动。土豆种植项目就像一把大伞，在大伞的下面会出现许多不同的独立的小型项目。虽然一些儿童直接参与了这个种植项目，但是有些儿童则另辟蹊径，开启了新的探索和研究。有些儿童在挖掘土壤时发现了蠕虫，于是他们就开始观察蠕虫，并在一起相互交谈，他们想知道蠕虫正在做什么。有的儿童发现了一个去年的老土豆，他们便开始怀疑这会不会是一块石头。他们自行设计出一个实验并期望借此方法探寻问题的答案。还有几个儿童对一个腐烂南瓜的残余物进行了探索。有两个儿童则对如何为土豆园地制作一个标识表现出了浓厚的兴趣，这样一来，我们就需要把阅读和写作方面的目标与要求增加到该项目的网络图之中。

教师在伞式项目法中的作用

事实上，所有这些不同的内容都会随着儿童在不同层面的参与而自然而然地呈现出来。从《三个老土豆》这个例子中可以看到，与教师事先明确设计好的计划相比，这一新的活动所呈现出来的各种宽泛的想法更为深刻与复杂。对许多教师来说，这是一种全新的、不同寻常的教学方式。与传统的教学方式相比，它也没有更多数量的脚本和更大的可预测性，但是这一方式并不显得十分松散和毫无组织。它具有多维的结构，而且这些都深深地根植于它自身内在的思想体系和基本内容。正是这种结构可以支持教师更为恰当地与儿童进行合作，能够让每一名儿童都寻找到适合自身的学习活动，可以让他们充分地参与活动并感受到成功。这种教学方式是一种非常有效的个性化的教学方式，可以给儿童带来恰当的挑战。这种教学方式也是十分有趣的，是忙碌的，是富有挑战性的。这种教学方式能够鼓励和支持儿童发展自主性，与那种试图让每一个儿童在一起上同样一节计划好的课相比，这样的教学方式能让教师自身也感到满意并感受到其中的挑战性。

教师如何计划和构建出一个成功的伞形项目呢？我们认为，教师需要从仔细观察儿童在户外的工作和游戏时开始。这些项目源自儿童自身的兴趣。教师要仔细地进行探寻和发现，看一看儿童特别喜欢哪些东西，要充分了解儿童的期望，要对儿童的项目有更多的了解。许多项目的灵感往往来源于天气和季节的变化，而且常常来源于生活中那些自然而然发生的事件以及与儿童的自身经历密切相关的各种想法。教师们需要超越课堂，要认真关注和思考儿童在家里、在社区里以及彼此之间的各种经历和经验。教师还可以看看哪些书籍和材料能够引发儿童的兴趣。教师需要寻找一个大的创意和想法，这样就可以设计出一个颇有价值的项目来让儿童进行深入的探索和发现。

《花园日》这个故事记录的就是一个典型的伞形项目，这个故事也涉及了种植。在这个故事中，孩子们正在学校的花园里进行种植活动。孩子们已经获得了用于挖掘、种植和浇灌一些春季植物的各种工具。通过故事中的描述，我们可以看到，这里除了出现了计划中的种植活动，还出现了其他活动。有一些儿童决定去调查花园附近的小果园。他们在树荫中发现了毛毛虫。几个女孩从服装箱里拿出了漂亮的长袍并穿在身上，假装自己是仙女，然后去给蓝莓灌木浇水。有一个儿童正在反复对人造花卉的摆放进行调整，并且正在探索花卉的颜色和形状。两个儿童以一一配对的方式把花园里所有的手套摆放在一起。他们在不断练习如何顺畅地戴上手套，然后再把手套摘下来。还有一个儿童没有将在花园里的大部分时间用于种植活动，而是一个人在忙碌地挖洞和填洞。他们的教师能够围绕园艺和种植这个宏大的创意和想法来构建和提供适宜的环境，这样就能够让孩子们在众多线索中选择其一并生发出新的活动。

将计划看作一个正在进行的过程

伞式项目涵盖了巨大范围的活动和想法。这样的项目可以为一大群儿童提供一种彼此分享和相互学习的机会与方式，而这些儿童有着不同的兴趣、才干和技能水平。这些项目也为教师提供了机会，能够让教师有机会参与积极主动的儿童活动，并且可以接触和了解那些在儿童看来既充满挑战又很有价值的活动内容。伞式项目是开放的。这些项目为儿童提供的不是一个有待完成的任务，而是一份关于各种设想和想法的菜单，这就让每一个儿童都大大地增强了探寻到“最适合于自己的活动”的机会。

在《三个老土豆》《桥》和《捕食的螳螂》这几个叙述故事中，我们看到教师设计的伞式项目既宽广又深刻。每个项目都包含各种各样的、引人入胜的小项目。这种多样性能够确保所有儿童按照自己的意愿顺利地参与进来。这些故事表明，规划是一个过程，而不是一个静态结构。计划是开始，而不是最终的目的地或最终的产品。教师需要计划和规划一项活动，要为儿童提供丰富的材料和工具。在此之后，教师就可以在一旁观察儿童是如何参与活动以及他们对所提供的各种内容有着怎样的反应和回应。

一开始你无法知道儿童的兴趣、问题和能力会如何影响那些已经制订好的计划。通过观察、倾听和反思，教师就能够知道自己可以如何通过微调来支持儿童向他们所开启的方向不断努力。这种持续的重组是计划和规划中不可缺少的一个必然环节。例如，一项活动计划很可能因为活动过于复杂而需要被分解为更小和更易于管理的多个小的部分。相对于原来的预期，活动可能需要更长的时间，并且会在好几天中不断地扩展和延伸。也许儿童还需要有更多的信息、不同的材料或不同的方法，以便他们随着自身独立性的增长而持续地参与活动。有时候，儿童也需要得到外界一小部分协助，这样他们就可以更好地参与项目并能够更加深刻地理解整个项目。

在《花园日》这个故事中，凯莎想学习如何做园艺，但她还没有准备好自己去做。凯莎的妈妈能够确切地知道究竟需要为她提供多少帮助以及提供怎样的帮助，这样一来凯莎就可以根据自己的准备而完成尽可能多的种植工作。通过对任务进行重新组合并提供适量与恰到好处的帮助和支持，凯莎的妈妈就能够在凯莎的能力水平和她希望完成的任务之间进行适当的调节。通过这种方式，凯莎成功地参与了活动，并获得了信心，对全局有了更好的理解，在未来，她就可以更好地培养独立和自主等品质。

这里描述的重构通常在许多层面上都具有挑战意义。它要求教师始终保持警觉并且能够迅速反应，要求教师能够跳出原有的思维模式。这其中可能包括放弃自己原来设想好的计划或方向，以便能够更好地跟随儿童的脚步。在进行重组时，教师最好的支持就是营造一个丰富的环境，这一环境能够为儿童提供他们所需要的各种材料、工具和可拆卸的低结构材料，能够让儿童对探究活动的方向与问题的解决产生新的思考。

变化在户外学习中的作用

户外教学需要教师能够适应各种计划外的事件。这些计划外的事件可能具有多种形态。天气的变化、蜘蛛网的突然出现或消失、树叶变红、水坑变干等——所有这些都能以一种可预测且强有力的方式来引发儿童的兴趣和关注。这些变化会吸引儿童进行调查。儿童会十分好奇地想知道究竟发生了什么，想知道这些变化可能意味着什么。在户外，天气、温度、光线以及动植物的行为和外观都会随着季节而发生变化和产生差异，这种变化发生在每一天，发生在每一小时，甚至每一分钟。这种持续的变化对儿童来说是引人入胜的、令人兴奋的，这些变化会邀请他们参与进来，会引起他们的关注，他们会问自己："为什么会有这样的变化呢？"这本书中的故事能够让我们看到事物的变化是如何召唤儿童的，是如何激发他们的好奇心和想象力的。变化创造出学习的机会，能够让他们参与并达到各种早期学习标准。

在《藤蔓的奥秘》这个故事中，阿德里安被抓藤时的期望和实际的体验之间的巨大差异吸引。这种差异不断地激励着他，促使他进一步想弄清楚这里究竟发生了什么，并成为他继续调查下去并发现原因的一个强大的动力。

在《云彩的研究》这个故事中，类似于云彩运动的现象经常出现在我们的周边，也会吸引孩子们的注意力。观看云的运动是一项无限迷人的活动，在这一过程中，孩子们会提出各种各样的猜测和开放式的问题。他们会问："是什么让它们移动的？""是什么让它们改变了形状？""它们后来到哪里去了？"

在《褪色柳》这个故事中，萨奇注意到褪色柳树上的树枝的生动变化，对它们进行比较，并且能对接下来会发生什么进行预测。

在《胡萝卜》这个故事中，在常春藤地上有一片特殊形状的叶子，这仅仅是一个非常微小的细节和提示，但是孩子们能够敏锐地发现和抓住这一点。这一发现也促使他们进一步展开了新的调查，直到他们发现了去年种植过的胡萝卜的生长痕迹。

能发现事物的变化是儿童提出问题的一个重要起点。儿童的注意点越广泛，儿童的经验和经历越丰富，儿童参与调查环境变化的机会越多，他们就越容易达到早期学习标准。

结论

本书中所有的故事有着一条共同的线索，这就是在丰富的户外环境背景下那些发生在儿童、儿童的环境和教师之间的强有力的互动或对话。这种三方对话是户外学习的核心。每一名参与者都可以为这场对话带来强烈的个体的声音。教师、儿童和环境都可以在户外共同努力，形成强有力的伙伴关系以支持儿童参与并达到早期学习标准。儿童具有强烈的好奇心和求知欲，他们随时准备学习。要实现这一点，他们就需要有一个真正多元化的环境来进行互动。儿童还需要得到教师所给予的伙伴式的支持和陪伴，教师需要积极投入，要善于观察，要关注和理解此类环境所具有的价值，要较好地规划和应对此类学习环境。为了能够参与有关活动达到预定的标准，在这里，我们就必须要有三名非凡的游戏参与者，即好奇主动的儿童、专心参与的教师和多样化的自然环境。

这里所记录的经验和活动代表的是深刻而富有挑战性的教育。一旦抛开了对户外活动的传统和限制性的种种假设，那么教师就可以到广阔的户外，就可以让户外成为支持儿童达到早期学习标准和获得良好学习方法的一把钥匙。直接的观察和关于儿童在户外实际正在做什么的分析会有助于这一进程的推进。思考和反思这些故事能为你提供一个新的视角，从而让你了解到作为学习场所的户外具有重大的价值和意义。使用和借鉴本书中介绍的模式与样例可以让你有机会进行训练，从而让你能够对儿童户外游戏的展开过程有更仔细的观察、更准确的理解和更深入的思考。正如自然作家和环保主义者雷切尔·卡森（Rachel Carson）多年前根据自己的观察而所体悟到的那样，“如果一个儿童想要在没有得到仙女任何礼物的情况下，依然可以保有自己与生俱来的那种惊奇感，那么他就需要至少一名成人的陪伴和分享，这样成人就可以与他一起重新发现他们所生活的这个世界中的欢乐和神秘”(1956)。而事实上，我们都有机会成为这样的成人。

参考文献

Carson, Rachel. 1956. *The sense of wonder*. New York: HarperCollins.

Gill, Tim. 2007. *No fear, growing up in a risk averse society*. London: Calouste Gulbenkin Foundation.

Kagan, Jerome. 2002. *Surprise, uncertainty, and mental structures*. Cambridge, MA: Harvard University Press.

Montaigne, Michel. 1580. *Essais. Quoted in The Oxford dictionary of quotations* (Oxford: Oxford University Press, 2004), 544.

Moore, Robin C. and Herb H. Wong. 1997. *Natural learning: Creating environments for rediscovering nature's way of teaching*. Berkeley: MIG Communications.

Muir, John. 1911. *My first summer in the Sierra*. Boston: Houghton Mifflin Company.

Nicholson, Simon. 1971. How not to cheat children: The theory of loose parts. *Landscape Architecture* 62: 30–35.

Paley, Vivian Gussin. 1988. *Bad guys don't have birthdays: Fantasy play at four*. Chicago and London: The University of Chicago Press.

Pellegrini, Anthony D. 1995. *School recess and playground behavior: Educational and developmental roles*. Albany: State University of New York Press.

Rogers, Fred. 1983. *Mr. Rogers talks with parents*. New York: Berkley Books.

Rousseau, Jean-Jacques. 2003. *Emile or treatise on education*. Amherst, NY: Prometheus Books.

St. Giermaine, Joyce. 1994. Out of the classroom . . . into the garden. Speech presented at the International Symposium on the Prepared Learning Environment, Arlington, VA. Quoted in M. Rivkin, *The great outdoors: Restoring children's right to play outside* (Washington, DC: NAEYC, 1995), 8.

Taylor, Faber, F. E. Kuo, and W. C. Sullivan. 2001. Coping with ADD: The surprising connection to green place settings. *Environment and Behavior* 33, no. 1: 54–77.

Tough, Paul. 2009. Can the right kinds of play teach self-control? *New York Times Magazine: The School Issue*. September 27.

Vandenberg, B. 1986. Play theory. In G. Fein, *The young child at play: Reviews of research*, ed. M. Rivkin, 17–22. Washington, DC: NAEYC.

Wood, Chip. 1997. *Yardsticks: Children in the classroom ages 4–14, a resource for parents and teachers*. Turners Falls, MA: Northeast Foundation for Children.